拳击与速度滑冰训练监控

高维纬　编著

北京体育大学出版社

策划编辑　汪　蕾
责任编辑　秦德斌
审稿编辑　熊西北
责任校对　黄　强
责任印制　陈　莎

图书在版编目（CIP）数据

拳击与速度滑冰训练监控／高维纬编著．－北京：北京
体育大学出版社,2007.3
ISBN 978－7－81100－692－6

Ⅰ.拳…　Ⅱ.高…　Ⅲ.①拳击－运动训练－研究②
速度滑冰－运动训练－研究　Ⅳ.G886.12　G862.1

中国版本图书馆 CIP 数据核字（2007）第 019685 号

拳击与速度滑冰训练监控　　　　　高维纬　编著

出　　版　北京体育大学出版社
地　　址　北京海淀区中关村北大街
邮　　编　100084
发　　行　新华书店总店北京发行所经销
印　　刷　北京市昌平阳坊精工印刷厂
开　　本　787×960 毫米　1/16
印　　张　12

2007 年 3 月第 1 版第 1 次印刷
定　价　25.00 元
（本书因装订质量不合格本社发行部负责调换）

编　委　会

目　　录

第一章 疲劳监测常规指标变化的基本特点

第一节 拳击运动疲劳监测常规指标

奥林匹克拳击是以竞技为目的，按规则规定进行的拳击运动。运动员按各自体重的不同，参加规则规定的 11 个体重级别的竞赛。运动员着背心短裤和头盔，双手戴 284 克（10 盎司）拳击手套，在 4.9 ~ 6.1 平方米的场地上，应用各种拳法和与之相适应的步法，与对手进行 2 分钟一个回合共 4 个回合（回合间休息 1 分钟）的技击，最后以有效拳得点的多少判定胜负。

拳击运动是按体重级别参赛、近身对抗并以拳峰击打对方身体有效部位为竞技核心的运动，对运动员的形体有着较高的要求。由于拳击运动每个回合持续时间为 2 分钟，要求运动员既要完成单一拳法的进攻与防守又要完成组合拳法的进攻与防守，进攻与防守的转换十分频繁，不同拳法的变换也十分复杂，因此，拳击运动主要是以无氧供能系统的代谢供能为主。高水平拳击运动员在良好有氧代谢能力的基础上，既要以高效的 ATP – CP 代谢供能来保证出拳击打对手身体有效部位的力度与速度，又要以出色的乳酸代谢供能来完成连续进攻与防守的复杂技术动作。

我国的拳击运动恢复于 20 世纪 80 年代末期。为了使该项目尽快冲出亚洲，走向世界，切实地提高竞技水平，惟一的途径就是增加训练难度和提高训练负荷。在训练过程中，通过多项生理生化指标的测试和分析，可以客观地了解和诊断拳击运动员运动性疲劳的程度；为正确地调控机体的机能状态，进行科学训练提供依据；使运动性伤病的预防工作落到实处，最大限度地提高拳击运动训练的实效性。

一、内分泌系统

（一）测试方法

周一晨，安静空腹状态下取末梢血或静脉血。尽管内分泌指标值存在昼夜变化的不同规律，只要采样的时间保持前后相对一致，每一个体自身内分泌系统应处于相同时相。一般在早晨 5~6 时采集血样。目前最常用的内分泌指标测量方法为磁分离均相酶联免疫测定法（SEROZYME）或放射免疫法（RIA）。测试周期一般为一周，也可根据运动员的具体情况，缩小或增大监测密度。为了便于进行横向比较，测试结果多采用国际标准计量单位。

（二）应用及评价

睾酮作为拳击运动中运动员机体机能评定的首选内分泌指标，有着非常重要的生物学意义。在长期运动实践中我们发现，血清睾酮浓度的个体差异极大，浓度水平的变化幅度也比较剧烈（图 1-1）。因此，在进行客观评价时，应注意以下 3 个方面的问题：

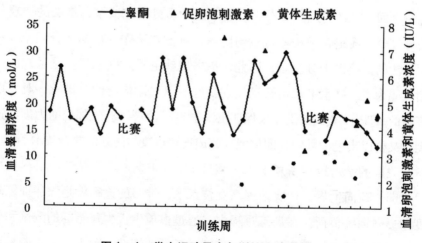

图 1-1　拳击运动员全年训练血清睾酮、

卵泡刺激素和黄体生成素的变化趋势

1. 着重每一个体的纵向比较，相应淡化不同个体的横向比较，当血清睾酮浓度突然出现大幅度变化时，首先要排除个人生活诸如遗精、营养品使用等影响因素；

2. 短期睾酮浓度降低者运动能力的下降具有一定的滞后性；

3. 连续两周睾酮浓度持续较低的个体，应该进一步检测血清卵泡刺激素（FSH）和黄体生成素（LH）的浓度水平，以判定低睾酮血症是外周性的还是中枢性的，并由此对其愈后作出预测，现实地对调整训练负荷提出建议。

（三）参考值范围

普通男子的正常参考范围是：卵泡刺激素 6 ~ 18IU/L，黄体生成素 1.1 ~ 8.2IU/L，血清睾酮 9.5 ~ 30nmol/L。（表 1 – 1）

表 1 – 1　我国拳击运动员比赛与全年训练血清睾酮浓度实测值

阶段	N	年龄（岁）	身高（厘米）	体重（千克）	训练年限（年）	睾酮（ng/dl）	睾酮（nmol/L）
比赛	90	21.89 ± 3.10	175.97 ± 9.16	67.96 ± 16.27	5.77 ± 2.60	399.37 ± 170.80	13.87 ± 5.93
全年	239 人次	19.00 ± 2.78	177.02 ± 8.78	65.00 ± 12.44	3.37 ± 2.91	604.31 ± 325.28	20.98 ± 11.29

二、血尿素

（一）测试方法

尿素的测定的方法可分为两大类：一类直接法，尿素直接和某试剂作用，测定其产物，最常见的为二乙酰一肟法；另一类是尿素酶法，用尿素酶将尿素变成氨，然后用不同的方法测定氨。

尿素测定目前多采用尿素酶偶联法：尿素酶分解尿素产生氨，氨在谷氨酸脱氢酶的作用下使 NADH 氧化为 NAD + 时，通过 340nm 吸光度的降低值可计算出尿素含量。此法是目前自动生化分析仪上常用的方法。此外，尿素酶水解尿素产生氨的速率，也可用电导的方法进行测定，其电导的增加与氨离子浓度有关，反应只需要很短的时间，适用于自动分析仪。

酚－次氯酸盐显色法：尿素酶水解尿素生成氨和酚及次氯酸盐，在碱性环境中作用形成对－醌氯亚胺，在亚硝基铁氰化钠催化下对－醌氯亚胺同另一分子的酚作用，形成吲哚酚，它在碱性溶液中产生蓝色的解离型吲哚酚。此反应敏感，血清用量少（10μl），无需蛋白沉淀，一般用于手工操作测定中。纳氏试剂显色法：尿素经尿素酶作用后生成氨，氨可与纳氏试剂作用，生成棕黄色的碘化双汞铵。尿素酶法的优点是反应专一，特异性强，不受尿素类似物的影响，缺点是操作费时，且受体液中氨的影响。

二乙酰一肟直接法：尿素可与二乙酰作用，在强酸加热的条件下，生成粉红色的二嗪化合物（Fearom 反应），在 540nm 比色，其颜色强度与尿素含量成正比。二乙酰不稳定，用二乙酰一肟代替，后者遇酸水解成二乙酰。试剂中加入 Fe^{3+} 或 Cd^{2+} 及硫氨脲，可提高灵敏度，增加显色稳定性，其中 Fe^{3+} 和 Cd^{2+} 有氧化作用，还能消除羟胺的干扰作用。提高酸的浓度可增加灵敏度。二乙酰一肟与尿素的反应不是专一的。该法灵敏、简单，产生的颜色稳定，缺点是加热时有异味释放，一般很少使用此方法。

测试的时间一般安排在周一晨，也可根据训练的具体情况和需要进行测试。血尿素的测试一般用末梢血进行。

（二）应用及评价

尿素是蛋白质分解代谢的终末产物之一。血液中尿素含量的变化可以反映出机体蛋白质分解代谢的情况。在冬训的准备期，经过全面调整后进入冬训者，一般血尿素浓度在前 5 周处于较高水平，大多数运动员的血尿素绝对值均超过普通人正常值上限。这种体内蛋白质分解代谢增强的反应在许多运动项目冬训准备期中出现，具有一定的普遍性。其实质是机体运动系统对训练的不适应。随着训练的进程，机体逐渐适应各

4

类运动负荷，蛋白质的合成代谢增强，拳击运动员机体中血尿素的浓度下降，并仅在一个狭小的范围内波动。拳击运动员准备期后训练中血尿素浓度的这种波动与训练负荷的强度密切相关。此时若出现个体血尿素浓度值连续 2~4 周超过 7mmol/L，应引起重视，并根据运动员的具体情况对其训练提出建议。

（三）参考值范围

普通人正常值范围是 1.8~6.8mmol/L。拳击运动员全年测试的平均值为 6.56±3.17mmol/L（n＝146），冬训前 5 周为 8.93±3.85mmol/L（n＝40）。（图 1-2）为拳击运动员全年训练的血尿素变化趋势。

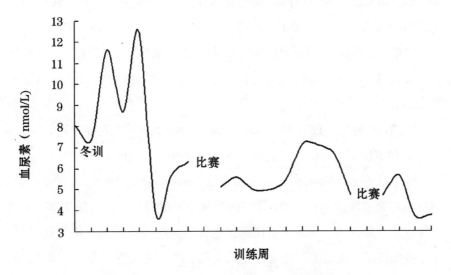

图 1-2　拳击运动员全年训练的血尿素变化趋势

三、红细胞

（一）测试方法

红细胞检测指标手工检测十分繁琐，随着血细胞分析仪的广泛使用，目前运动实践中常用的指标有血液红细胞数量、血红蛋白浓度和红细胞压积等。

1. 血红蛋白（Hb）浓度测定方法

自从 1875 年 Gower 设计了稀释溶血液目测比色法以来，学者们对 Hb 测定进行了大量探讨，大致分为：（1）根据 Hb 分子组成测定总 Hb 法（全血铁法）；（2）根据血液物理特性测 Hb（比重法、折射仪法）；（3）根据 Hb 与 O_2 可逆性结合的物性测 Hb（血气分折法）；（4）根据 Hb 衍生物光谱特点进行的定量测定法等四大类，其中有些方法简单易行，而得到长期广泛应用（如沙利法），但随着技术的进步和研究的深入，缺点日渐显著，逐渐被淘汰。为统一 Hb 测定方法，1966 年国际血液学标准化委员会推荐氰化高铁血红蛋白测定法（HICN 法）作为国际 Hb 测定标准法。1978 年国际临床化学联合会和世界病理学会联合会发表的国际性文件中重申了 HICN 法。

HICN 法具有操作简单、显色快且稳定（显色后如保存得当可 6 年不退色），除 SHb 外各种血红蛋白均可检测、读取吸光度后可直接定值等优点。

HICN 的消光系数是 $44mmol^{-1} \cdot cm^{-1}$。可根据下式进行计算：

$$A/44 \times 64458（mg）/1000 \times 251 = A \times 367.7 = Hb（g/l）$$

式中 A 是在 540nm 处 HICN 吸光度，64458mg 是 Hb 的毫克分子量，1000 是将毫克转换为克，251 是实验时血液的稀释倍数。但使用 367.7 这个常数是有条件的，是基于在仪器比色杯、试剂及操作均严格的要求下，才能直接使用。仪器的校正是测定的关键，决定着测定结果的准确与否。在实际工作中，使用的分光光度计很难达到上述要求，往往通过 K 值来校正结果，定期地检查 K 值十分重要。HICN 法被列为国际血红蛋白测定的参考方法。HICN 法逐渐在国内普及，对 Hb 测定的标准化起了一定作用，但在实际应用中尚存在一些问题，并非理想的方法。其致命点是 KCN 有剧毒，使用管理不当可造成公害，此外高白细胞和高球蛋白血症可致混浊，以及 HbCO 转化较慢的问题也未完全解决。

实际工作中，多采用替代方法进行 Hb 测定。国内多采用十二烷基硫酸钠血红蛋白测定法。由于摩尔消光系数尚未最后确认，因此不能用吸光度 A 直接计算 Hb 浓度。该法可用 HICN 法定值的抗凝血或溶血液，制备标准工作曲线，间接计算血红蛋白浓度本法的优点是操作简单，呈色稳定，准确性和精确性符合要求，无公害，在全国临床检验方法学学术会议上，被推荐为次选方法。

叠氮高铁血红蛋白测定法具有与 HICN 相似的优点，最大吸收峰在 542nm，且峰值高度几乎与 HICN 者重合，文献报道 HICN 与 HIN_3 两者结果回归方程的截距仅为 0.013 或为 0，实验时显色快且稳定，试剂毒性仅为 HICN 者的 1/7，但仍存在公害问题。

Zander 1984 年提出碱羟血红蛋白（AHD575）测定法，575nm 为其检出波长。该法试剂简单，不含有毒剂。呈色稳定，可用氯化血素作标准品，已被许多单位采用。但由于自动细胞分析仪或血红蛋白测定仪多采用 540nm 左右范围滤光板，限制了此法在该类仪器的使用。

沙利酸化血红蛋白测定法虽操作简单，但误差较大，已被列为淘汰的实验项目。

近年来，多参数血细胞分析仪的应用，使 Hb 测定逐步以仪器法取代手工法，其优点是操作简单、快速，同时可以获得多项红细胞的参数，但由于各型号仪器使用的溶血剂不同，形成 Hb 的衍生物不同。某些溶血剂形成的衍生物稳定性较差，因此要严格控制溶血剂加入量及溶血时间，特别是半自动血细胞分析仪应严格控制实验条件。有些溶血剂内虽加入了 KCN，但其衍生物并非是 HICN，仪器要经过 HICN 标准液校正后，才能进行 Hb 测定。

2. 红细胞压积（HCT）测定

测定红细胞压积的方法有多种，如折射计法、比重测定法、离心法、电阻抗法和放射性核素法。后者被 ICSH 定为参考法，非一般实验室所能开展。离心测定红细胞压积不够精确的关键是无法完全排除压积红细胞之间的残留血浆，因此测定值比真值略高，残留量一般认为约 3%。血细胞分析仪仅用微量血通过电阻抗法可进行红细胞压积测定。由于其结果是仪器测定数千个红细胞体积产生的脉冲叠加后换算的结果，因此相对比较准确。

红细胞检测指标作为拳击运动员机能评定的常规检测指标，于每周一晨取末梢血进行常规测试。对于有贫血和脱水倾向者，可适当增加测试的密度，以避免机体运氧能力的进一步恶化。

（二）应用与评价

血红蛋白的主要功能是运输 O_2 及 CO_2，同时也是重要的缓冲物质，Hb 携氧时（HbO_2）呈偏酸性，当血液流经组织时氧释放后，成为酸性较小的 Hb，正是氧化 Hb 和 Hb 的酸性差别才能使组织中生成的 HCO_3 运至肺部转变成 CO_2 排出体外，而这种"匀氢转移"是机体组织器官获取氧的基本过程。我们通过对拳击运动员全年训练的血红蛋白浓度观察发现，拳击运动员的血红蛋白浓度范围与普通人正常值范围一致，基本上都在 130g/L 水平之上，随训练性质的不同，仅有小范围的波动（图 1-3）。

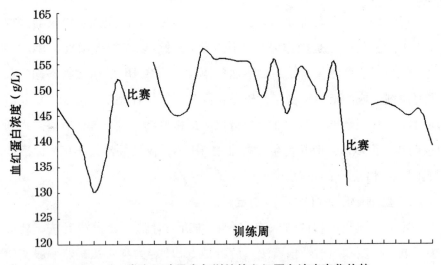

图 1-3 拳击运动员全年训练的血红蛋白浓度变化趋势

拳击运动员红细胞压积增高多见运动性脱水或减重状态，因此，测定红细胞压积可以了解拳击运动员血液的浓缩程度，作为补液和评定减重方式与减重速率是否适宜的依据。

利用血细胞计数仪同时计数红细胞、测定血红蛋白浓度和红细胞压积，可进一步间接算出平均红细胞容积MCV、平均红细胞血红蛋白含量和平均红细胞血红蛋白浓度，有益于深入分析拳击运动员的红细胞形态特征。

（三）参考值范围（表1－2）

表1－2　我国拳击运动员全年训练红细胞指标实测值与普通人正常值

对象	N	年龄	RBC $\times 10^{12}$/L	Hb（g/L）	HCT（%）
拳击运动员	229人次	20.63 ± 2.34	5.0 ± 0.4	147.36 ± 10.98	44.55 ± 3.81
普通人	–	成人	$4.0 \sim 5.5$	$130 \sim 150$	46.7 ± 3.9

第二节　速滑运动疲劳监测常规指标

从生物学角度来说，运动训练过程是对运动员机体施加运动负荷，有意识地打破机体内环境的平衡，使之向较高的机能水平转化的过程；机体通过达到新的平衡，而产生适应，也就是疲劳，恢复；再疲劳，超量恢复的过程。当运动负荷超出机体所能承受的能力时，就会在一定程度上造成机体的疲劳积累。当疲劳积累超过一定界限时，就会出现过度运动性疲劳。若运动员出现过度疲劳，后果不堪设想。轻者需要适当的休息，影响训练的正常进行；严重者由于过度疲劳，可提前结束运动生涯。因此在运动训练中，运动性过度疲劳的监测和预防过度疲劳非常重要。

通过对22名男女优秀速滑运动员连续28个月的跟踪观察发现，血尿素、血红蛋白、晨乳酸和尿生化的变化具有如下特点，现分述如下。

在22名优秀速滑运动员中，男运动员身高为178.6 ± 3.64厘米，体重为74.4 ± 3.98千克，年龄为20.8 ± 3.11岁，训练年限为5.46 ± 3.12年（N＝8）；女运动员身高为165.9 ± 3.87厘米，体重为$64.3 \pm$

3.03 千克，年龄为 22.3 ± 3.99 岁，训练年限为 6.23 ± 3.89 年（N = 14）。为了叙述方便，按运动水平和专项分别将受试对象分为 2 类 4 组，健将组和一般组以及短全能组和大全能组。

一、测试方法

于每周一清晨空腹安静状态下，分别取耳缘血和适量中段尿。同时进行血尿素、血红蛋白、晨乳酸和尿生化测定。

测试仪器分别为 GY—1 型血红蛋白计；YSI2300 乳酸分析仪；TU—102 型尿液自动分析仪和 721 分光光度计。

血尿素测定采用改良微量全血二乙酰一肟法；血红蛋白测定采用高铁氰化法；晨乳酸测定采用宗丕芳等改良酶电极法；尿生化测定采用积分球反射测定法。全部试验的质量控制，均按常规方法进行。血尿素测定试剂和标准液由北京化工厂提供；血红蛋白测定试剂和标准液由卫生部上海生物制品研究所提供；乳酸测试用缓冲液、标准液和酶膜由美国 YSI 公司和山东生物制品研究所提供；尿生化分析试剂条由广州东方化学应用研究所提供。

二、血尿素

尿素是蛋白质分解代谢的终末产物之一。血液中尿素含量的变化可以反映出机体蛋白质分解代谢的情况。本文通过对 1271 人次的血尿素测试，分别对血尿素在全年训练中的变化规律以及冰期和非冰期、不同专项和不同水平运动员血尿素的变化情况进行了探讨。

（一）我国优秀速滑运动员安静状态下的血尿素含量

我国优秀速滑运动员安静状态下血尿素含量男子为 40.63 ± 4.92mg%（样品数 = 303）；女子为 35.90 ± 4.90mg%（样品数 = 968）。与许豪文等国内学者报道不同运动项目训练后血尿素含量的结果基本一致，非常明显地高于我国正常普通成人安静时的血尿素含量（27.39 ± 8.28mg%，P < 0.01）。血尿素含量男女性别间存在着非常明显的统计

学差异（P＜0.01）。造成性别间差异的原因可能是与：（1）男女调节蛋白质分解代谢的某些激素水平不同；（2）女子的氨基酸代谢池小于男子；（3）女子能够更多地利用脂肪酸供能有关。这表明运动训练可使蛋白质分解代谢增强，在应用血尿素指标时，要充分考虑到性别间的差异。

（二）不同训练周期血尿素含量的变化规律

1. 优秀速滑运动员全年训练血尿素含量的变化

优秀男女速滑运动员全年训练血尿素含量的变化见（图1-4）。

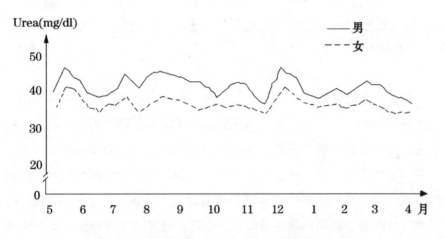

图1-4　速滑运动员全年训练的血尿素变化曲线

从曲线中可以看出，训练初期血尿素含量明显升高，随后又逐渐下降。运动员经过较长时间的休息、调整，身体机能有所下降，对训练初期的运动负荷不适应。随着运动训练的正常推进，运动员身体机能水平逐渐恢复和提高，对运动负荷的反应从不适应逐渐转向适应，血尿素含量又逐渐下降；第一中周期末、第二中周期中和比赛期后血尿素含量又明显升高，可能是这几个时期的运动负荷量和强度较大在运动员血尿素指标上的反应。

2. 非冰期和冰期血尿素含量的变化

非冰期和冰期血尿素含量的变化结果见（表1-3）。非冰期和冰期的训练中，男子短全能组、男子大全能组和女子短全能组运动员的血尿素含量在运动员血尿素指标上的反应存在着非常明显的统计学差异（P<0.01）；女子大全能组则没有这种训练阶段间的明显差异（P>0.05）。

表1-3　非冰期和冰期血尿素含量的变化

组　别	非　冰　期		冰　期	
	样品数	$\overline{X} \pm SD$	样品数	$\overline{X} \pm SD$
男短全能组	56	41.01 ±4.13	45	37.55 ±5.20 **
男大全能组	58	43.78 ±5.18	62	40.76 ±5.12 **
女短全能组	239	36.27 ±4.76	231	34.55 ±4.78 **
女大全能组	81	37.79 ±5.21	98	36.42 ±4.52

** P<0.01

全面、系统的陆地训练，是运动员取得优异成绩基础。非冰期训练和冰期训练的成功与否，对运动员的运动成绩有直接的影响作用。一般来说，教练员们非常重视陆地身体训练对提高运动员的身体机能水平的作用。冰期训练是以陆地训练为基础，充分表现出速滑运动的专项性训练特点。无论在训练的负荷强度和负荷量上，非冰期都高于冰期训练。因此这可能是非冰期与冰期血尿素含量存在差异的主要原因。女子大全能组的情况可能是非冰期训练不足的结果。

3. 不同组别全年训练的血尿素含量变化

不同组别全年训练的血尿素含量变化结果见（表1-4）和（表1-5）。

表1-4　男女短全能组和大全能组全年训练的尿素含量变化

性别	短全能组		大全能组	
	样品数	$\overline{X} \pm SD$	样品数	$\overline{X} \pm SD$
男	203	39.50 ±4.91	137	42.13 ±5.34 **
女	370	35.38 ±4.83	138	36.92 ±4.90 **

* * P<0.01

表 1 – 5　男女健将组和一般组全年训练的血尿素含量变化

性别	健将组		一般组	
	样品数	$\overline{X} \pm SD$	样品数	$\overline{X} \pm SD$
男	83	40.51 ± 4.73	56	40.67 ± 5.24
女	97	35.34 ± 4.84	88	35.78 ± 4.89

（表 1 – 4）和（表 1 – 5）表明，男女短全能组和大全能组血尿素含量存在着非常明显的统计学差异（P < 0.01）；健将组和一般组间的血尿素含量变化无统计学意义（P > 0.05）。

从训练角度分析，短全能组的训练是以短时间的速度和爆发力性训练为主；大全能组的训练内容是以较长时间的速度耐力训练为主。男女短全能组和大全能组血尿素含量存在非常明显的统计学差异（P < 0.01）提示，血尿素含量的变化与运动负荷的内容和时间长短有关，这与 Kingdermann 等人的研究结果相同。

三、血红蛋白

血红蛋白是红细胞中含铁的蛋白质，其主要功能是运输氧。血红蛋白含量的增加，有利于满足运动时细胞呼吸过程。反之，则影响这个过程，降低运动能力。目前，这一指标已广泛地用来评定运动员的身体机能状况和机体载氧能力。在近三年的跟踪观察中，通过对我国优秀男女速滑运动员 1230 人次血红蛋白含量的测试，摸清了优秀速滑运动员全年训练血红蛋白含量的变化、不同组别和不同训练周期血红蛋白含量的变化情况。

（一）优秀速滑运动员安静状态下血红蛋白含量

我国优秀男女速滑运动员安静状态下的血红蛋白含量男子为 159.0 ± 16.1g/L（样品数 = 363）；女子为 143.0 ± 14.8g/L（样品数 = 867）。性别间差异显著（P < 0.01）。安静状态下速滑运动员的血红蛋白含量与正常成人相比无明显差异（P > 0.05）。

第一章　疲劳监测常规指标变化的基本特点

（二）优秀速滑运动员全年训练血红蛋白含量的变化

我国优秀速滑运动员全年训练血红蛋白含量的变化见（图1-5）。

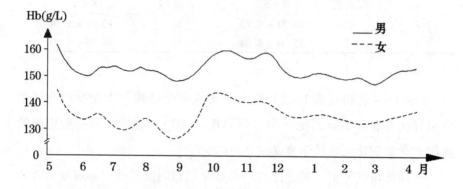

图1-5　我国优秀男女速滑运动员全年训练的血红蛋白含量的变化曲线

血红蛋白含量变化与全年训练的安排是相趋一致的。在运动负荷强度和负荷量较大的训练周期中，血红蛋白含量下降，但血红蛋白含量下降的时间比（图1-4）所示的血尿素含量的上升略早。这提示，血红蛋白反应运动员对运动负荷的不适在时间上早于血尿素。

（三）不同训练周期与不同组别血红蛋白含量的变化

1. 不同训练周期和不同组别血红蛋白含量的变化

我国优秀男女速滑运动员不同训练周期血红蛋白含量的变化结果见（表1-6）和（表1-7）。

表1-6　非冰期和冰期血红蛋白含量的变化对比

性别	非冰期		冰期	
	样品数	$\overline{X} \pm SD$	样品数	$\overline{X} \pm SD$
男	126	156.2 ± 14.7	115	161.6 ± 13.9 **
女	322	138.0 ± 14.4	303	145.1 ± 15.8 **

** P < 0.01

表 1 - 7　　不同组别男女运动员血红蛋白含量的变化对比

性别	短全能组		大全能组	
	样品数	$\overline{X} \pm SD$	样品数	$\overline{X} \pm SD$
男	98	156.0 ± 15.6	77	157.0 ± 16.1
女	123	141.0 ± 15.0	219	142.0 ± 15.3

非冰期和冰期训练血红蛋白含量存在非常明显的统计学差异（P < 0.01），不同组别的训练血红蛋白含量无统计学意义（P > 0.05）。

四、晨乳酸

晨乳酸在一段时间里被许多运动项目认为是评价运动员疲劳程度的指标之一。

（一）我国优秀男女速滑运动员安静状态的血乳酸浓度

我国优秀男女速滑运动员安静状态下的血乳酸浓度男子为 0.87 ± 0.37mmol/L（样品数 = 175），女子为 0.84 ± 0.31mmol/L（样品数 = 342）。性别间无统计学意义（P > 0.05）。

（二）我国优秀男女速滑运动员全年训练的晨乳酸浓度变化

我国优秀男女速滑运动员全年训练的晨乳酸浓度变化曲线见（图 1 - 6）。

从（图 1 - 6）可以看出，我国优秀速滑运动员全年训练中各阶段晨乳酸变化不大。在实际观察中发现，晨乳酸浓度与运动员对训练负荷不适并不具有明显关系。从晨乳酸产生机制和其实际意义来看，晨乳酸只反应测试前很短时间内肌肉的活动情况，似乎与睡眠不足和训练所致疲劳无关。有文献报道，运动员赛前晨乳酸增高。本研究在冬季奥运会赛前和多次全国性比赛前进行床边晨乳酸测定，并没见到血乳酸有明显增加的现象，而且增高的程度并未超过正常人安静血乳酸值上限。据此，本研究认为晨乳酸不能良好地反映运动员休息状况及疲劳程度。

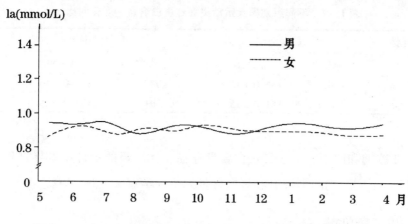

图 1-6　我国优秀男女速滑运动员全年训练的晨乳酸浓度变化曲线

五、尿生化

通过对我国优秀速滑运动员尿八项指标 812 人次的测试，结合运动员对运动负荷的客观和主观反应，本研究认为尿蛋白、尿潜血是运动员机体对运动负荷适应情况两项比较敏感的指标。我国优秀速滑运动员安静状态下的尿蛋白男女均小于 $30mg/dl$；尿潜血阴性。

（一）蛋白尿与运动性疲劳

正常成人尿中可含有微量蛋白，一般小于 $30mg/dl$。运动负荷较大时，常常出现一过性尿蛋白，一般经过适当休息，尿中蛋白很快便会消失。如果经一天以上的休息和调整，尿中仍有蛋白质出现，则表明运动员机体对运动负荷强度和负荷量不适应，有一定程度的疲劳出现。此时，应及时调整训练内容。若持续出现蛋白尿应立即去医院进行详细的诊查，以排除运动员机体内实质性脏器发生器质性的改变。

（二）尿潜血

运动性血尿发生的确切原因还尚未完全清楚，目前有以下几种看法：（1）外伤，运动中膀胱壁受到反复的撞击造成的损伤；（2）肾静脉张力增高，导致红细胞渗出；（3）负荷量和负荷强度增加过快；（4）身体状况不好。泌尿系统疾病和其附近器官疾病，全身性疾病都可以引起血尿。因此，对每例运动后出现血尿的运动员都要作细致、全面的分析。

对安静状态下出现的血尿（尿潜血阳性），无论运动员有无主诉，在排除尿样采集过程中有污染的可性后，应中止训练，进行认真详细地检查。

通过对我国优秀速滑运动员三年训练中安静状态下血尿素、血红蛋白、乳酸，尿蛋白及尿潜血等项指标的定期观察，得出如下结论：

● 当血尿素男子在 45 ~ 49mg/dl，女子在 40 ~ 44mg/dl 时，表明速滑运动员机体有一定程度的疲劳，应适当调整训练内容；当血尿素男子大于 50mg/dl，女子大于 45mg/dl 时，表明运动员机体有相当程度的疲劳积累，应调整训练，进行积极性休息。从运动员对运动负荷出现不适感觉的时间上来看，血尿素的升高要比运动员出现相应症状和体征早，因此血尿素可以作为评定运动性过度疲劳的较敏感指标应用。

● 晨乳酸浓度测定不能客观地反映速滑运动员对运动负荷的不适程度。

● 运动训练中速滑运动员血红蛋白的变化规律和尿蛋白、尿潜血的出现，同其他运动项目具有相同的规律和意义。

主要参考文献

1. 曲绵域等主编．实用运动医学．北京科学技术出版社，1996 年

2. 姚磊，刘军主编．医学常用手册．北京：中国广播电视出版社，1988.106

3. 程旭光．1500 米跑运动前后血尿酸、尿素的变化．全国运动生理生化学术会议论文摘要汇编．1986.128

4. 陈永清等编著．运动生物化学指南．人民体育出版社，1990

5. 冯炜权等译．运动和训练的生理化学．人民体育出版社，1986

6. 冯炜权等．运动生物化学．人民体育出版社，1989.287 ~ 290

7. 冯炜权等．血乳酸与运动调练——应用手册．人民体育出版社，1992

8. 郭蓓蓓等．铁人三项比赛前后运动员血糖、血液尿素氮、尿蛋白的改变．

北京体育学院学报，1992.15（1）：28～30

9. Kingdermann 博士在沪讲学资料汇编. 1981

10. 李诚志等. 教练员训练指南. 人民体育出版社，1992

11. 刘丹. 不同训练负荷对足球运动员血尿素的影响. 体育科学，1989.9（8）：42～44

12. Lemon，et al：Urea production during prolonged swimming. J. Sports Sci. 1989. 7（3）：241～246

13. 李协群等. 血尿素氮在运动员机能评定中的应用研究. 湖南体育科学，1989（3）：16～23

14. 许豪文等. 不同项目运动应激后血清磷酸肌酸激酶和尿素氮的变化. 中国运动医学杂志，1983.2（1）：18～23

15. 秦孝梅等. 马拉松运动员不同距离运动时血液尿素氮的变化。国家体委科研所论文选编，1983.2（2）：221～222

16. 秦孝梅等. 超微量全血尿素氮改进测定法及其在运动实践中的应用. 国家体委科研所论文选编，1985.2（2）：217～220

17. 浦钧宗等. 优秀运动员机能评定手册. 人民体育出版社，1989.106～110

18. 宋成忠等. 常人与柔道运动员血尿素日节律初探. 北京体育学院学报，1989（3）：16～22

19. 杨奎生等. 近乳酸阈30公里跑对血尿素含量的影响. 体育科学，1992.12（1）：51～53

20. 杨奎生等. 血乳酸和尿素氮测定在中长跑训练中的应用. 国家体委科研所论文集，1991.20～26

21.《运动生物化学》体育通用教材，人民体育出版社，1990

22. 曾凡星等：定量负荷时血清氨基酸及尿素氮变化的研究. 中国运动医学杂志，1991.10（1）8～11

拳击与速度滑冰训练监控

第二章　身体成分

第一节　优秀拳击运动员的身体成分

拳击运动是按体重级别进行比赛的竞技项目。拳击运动在我国恢复十余年以来，在除 91 千克以上级以外的所有级别运动员的训练和比赛中，多按照经验在比赛前实施快速的以发汗为主的各种降体重措施，常发生因体重降低速率过快或体重降低幅度过大而导致运动员竞技水平急剧下降的不良后果。到目前为止，在训练中如何对拳击运动员的体重进行控制，参赛级别如何确认，缺少必要的资料和参照系。为此，在第八届全国运动会拳击决赛阶段，我们以参加第八届全运会拳击决赛的所有运动员为调查对象，对参赛运动员的体重级别与身体成分进行了调查。

一、研究方法

1. 测量仪器：BIA－310 型生物阻抗式身体成分分析仪（测量电极采用心电图固态电极（美国 Lec Tec 公司）。

2. 测量方法：按常规方法，令受试者取仰卧位，两对电极分别置右手和右足背侧标准部位（测量安排于每比赛日晨比赛的常规体检之中，受试者空腹，排净大小便，24 小时内无饮酒史）。

二、基本情况

本调查在决赛期间一共测量了 179 名拳击运动员的身体成分，占全部参加决赛运动员的 94.21%。179 名拳击运动员的平均体脂率为

10.12 ±4.78%。各体重级别的体脂率情况列于（表 2 - 1）。48 千克级、54 千克级、57 千克级和 60 千克级 4 个级别拳击运动员的平均体脂率均处于较低水平，自 63.5 千克级始，随体重级别的增加体脂率呈增加趋势。51 千克级运动员的体脂率有高于 54 千克级和 57 千克级的运动员的趋势，但无统计学差异（P > 0.05）；63.5 ~ 81 千克各体重级别间运动员的体脂率无明显差异（P > 0.05）；91 千克以上级的体脂率最高，平均为 19.06 ± 6.78%，但该体重级别与 -91 千克级运动员无显著性差异（P > 0.05）。-91 千克与 91 千克以上级两组运动员的体脂率同 81 千克及其以下各级别运动员的体脂率具有明显和非常明显地差别（P < 0.05，P < 0.01）。

表 2 - 1　不同体重级别拳击运动员的身体成分

级别 （千克）	人数	体脂率 （%）	去脂体重 （千克）	身体总水 （升）	身体水占体 重的百分比
48	13	6.70 ± 2.64	46.35 ± 1.26	31.97 ± 1.32	64.37 ± 3.08
51	16	8.34 ± 3.74	48.62 ± 2.20	33.82 ± 2.14	63.73 ± 3.87
54	15	6.73 ± 1.73	51.77 ± 4.02	35.96 ± 0.98	65.04 ± 3.63
57	16	6.88 ± 1.98	55.16 ± 0.93	38.5 ± 1.33	65.00 ± 2.73
60	13	7.53 ± 1.75	55.88 ± 2.10	38.58 ± 1.67	63.83 ± 1.87
63.5	16	9.24 ± 3.08	58.46 ± 3.47	41.19 ± 2.08	64.04 ± 3.57
67	16	9.32 ± 3.06	61.99 ± 2.09	43.45 ± 2.34	63.56 ± 3.54
71	15	10.98 ± 3.29	64.63 ± 2.69	45.07 ± 2.80	62.08 ± 2.67
75	16	11.21 ± 1.87	67.71 ± 1.61	47.72 ± 2.20	62.56 ± 2.67
81	14	10.01 ± 2.72	73.14 ± 2.47	51.22 ± 4.04	63.07 ± 5.25
-91	17	14.45 ± 3.88	77.11 ± 4.94	55.36 ± 2.74	61.48 ± 3.28
91	15	19.06 ± 6.78	84.29 ± 8.34	61.3 ± 6.81	58.95 ± 6.47

在决赛中进入前 8 名运动员的身体成分各指标列于（表 2 - 2）。总的趋势虽与拳击运动员群体相似，但显现出身体成分各指标离散度更小，体脂率更低，去脂体重和身体总水量更高，身体水占体重百分比更大的趋势。各体重级别获得前 8 名运动员身体成分各指标与相应群体相

比，无明显差别（P > 0.05）。

表 2 - 2　不同体重级别前 8 名拳击运动员的身体成分

级别 （千克）	人数	体脂率 （%）	去脂体重 （千克）	身体总水 （升）	身体水占体 重的百分比
48	8	6. 59 ± 3. 13	46. 81 ± 1. 27	32. 14 ± 1. 32	64. 12 ± 2. 91
51	8	6. 79 ± 2. 30	49. 61 ± 1. 02	34. 91 ± 1. 87	65. 56 ± 3. 80
54	8	6. 12 ± 1. 15	52. 34 ± 0. 92	36. 18 ± 0. 85	65. 03 ± 1. 37
57	8	6. 22 ± 2. 09	55. 44 ± 1. 07	38. 91 ± 1. 31	65. 84 ± 2. 53
60	7	7. 16 ± 1. 89	56. 90 ± 1. 37	39. 34 ± 1. 48	64. 19 ± 2. 15
63. 5	8	7. 90 ± 3. 03	59. 86 ± 2. 08	42. 21 ± 2. 19	64. 94 ± 3. 28
67	8	9. 48 ± 1. 63	61. 68 ± 1. 71	42. 91 ± 1. 45	62. 99 ± 2. 15
71	8	10. 80 ± 3. 34	64. 23 ± 2. 55	44. 75 ± 2. 35	62. 16 ± 3. 13
75	8	10. 26 ± 1. 85	68. 56 ± 1. 55	48. 74 ± 2. 41	63. 78 ± 3. 09
81	8	10. 50 ± 2. 64	72. 83 ± 2. 33	50. 41 ± 3. 90	62. 01 ± 5. 29
-91	8	14. 70 ± 4. 70	75. 73 ± 5. 23	55. 04 ± 3. 55	62. 03 ± 3. 70
91	8	19. 14 ± 5. 12	87. 05 ± 9. 85	63. 56 ± 7. 37	59. 15 ± 5. 24

三、身体成分的分型以及与成绩间的关系

　　身体成分与运动成绩（名次）之间呈明显正相关关系在许多运动项目中已有定论。运动中有身体空间移动的所有运动项目均是如此。不难想象，多余的机体脂肪在运动中会给运动员的运动以及成绩带来什么样的影响。

　　1. 参加第八届全运会拳击决赛运动员群体的身体成分可以分成 3 种类型。第一种类型为 60 千克级以下的 5 个小体重级别，运动员的体脂率平均在 8% 以下。第二种类型为 63. 5 ~ 81 千克级的 5 个中等体重级别，体脂率平均在 10% 左右。第三种类型为 -91 千克级和 91 千克以上级两个大体重级别，体脂率平均在 14% 和 19% 以上（表 2 - 1 和表 2 - 2）。

　　拳击运动各体重级别运动员的体脂率可分成三种类型的现象提示，

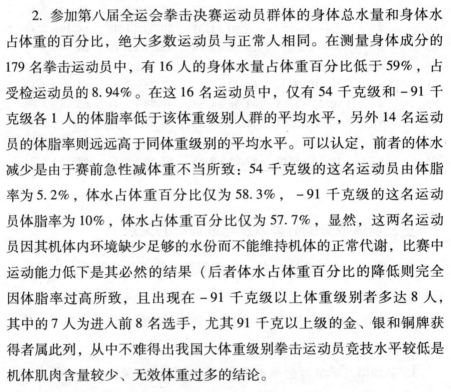

日常训练中对体重的控制在身体成分方面的要求应有所不同。小体重级别日常训练的体重控制，一般应使体脂率保持在8%左右；中等体重级别日常训练的体重控制，一般应使体脂率保持在10%左右；而大体重级别日常训练的体重控制，一般应使体脂率保持在略高于中等体重级别运动员体脂率的水平。各体重级别运动员的体脂率控制在这个水平是对拳击运动训练的基本要求。不同体重级别拳击运动员的身体成分特征，有待于进行进一步的研究和探讨。

2. 参加第八届全运会拳击决赛运动员群体的身体总水量和身体水占体重的百分比，绝大多数运动员与正常人相同。在测量身体成分的179名拳击运动员中，有16人的身体水量占体重百分比低于59%，占受检运动员的8.94%。在这16名运动员中，仅有54千克级和-91千克级各1人的体脂率低于该体重级别人群的平均水平，另外14名运动员的体脂率则远远高于同体重级别的平均水平。可以认定，前者的体水减少是由于赛前急性减体重不当所致：54千克级的这名运动员由体脂率为5.2%，体水占体重百分比仅为58.3%，-91千克级的这名运动员体脂率为10%，体水占体重百分比仅为57.7%，显然，这两名运动员因其机体内环境缺少足够的水份而不能维持机体的正常代谢，比赛中运动能力低下是其必然的结果（后者体水占体重百分比的降低则完全因体脂率过高所致，且出现在-91千克级以上体重级别者多达8人，其中的7人为进入前8名选手，尤其91千克以上级的金、银和铜牌获得者属此列，从中不难得出我国大体重级别拳击运动员竞技水平较低是机体肌肉含量较少、无效体重过多的结论。

从拳击运动员身体成分的现状可见，在我国拳击运动训练的实践中，教练员们已经基本掌握有关体重控制的基本规律。但是，大部分运动员尤其是中小体重级别运动员身体水量占体重的百分比多位于人体含水量正常值下限，这一客观情况是否有利于机体的代谢和运动，尚有待于进一步探讨。

3. 不同体重级别运动员体脂率与运动成绩的相关分析表明，在12

个体重级别中，仅有 4 个级别运动员的体脂率与运动成绩两者间具有相关关系。这 4 个级别分别是 51 千克级（R = 0.4701，P = 0.0661）、54 千克级（R = 0.4435，P = 0.0977）、63.5 千克级（R = 0.44294，P = 0.0969）和 75 千克级（R = 0.3134，P = 0.1426）。事实表明，在运动训练实践中仅以体重为指标实施各级别运动员的体重控制，远远满足不了拳击运动的实际需要。从某种意义上说，拳击运动员体脂率与运动成绩之间不具有必然相关关系的现象，是我国拳击运动水平与世界先进水平间存在差距的重要表现之一。在拳击运动实践中尽快以身体成分为指标实施体重的控制已经是当务之急。

四、小　结

● 参加拳击决赛 12 个体重级别运动员的身体成分可以分成三种类型：第一种类型为 60 千克级以下的 5 个小体重级别，运动员的体脂率平均在 8% 以下；第二种类型为 63.5 ~ 81 千克级的 5 个中等体重级别，体脂率平均在 10% 左右；第三种类型为 -91 千克级和 91 千克级两个大体重级别，体脂率平均在 14% 以上。

日常训练中对体重的控制在身体成分方面的要求应该是：小体重级别应使体脂率保持在 8% 左右；中等体重级别应使体脂率保持在 10% 左右；而大体重级别日常训练的体重控制，应使体脂率保持在略高于中等体重级别运动员体脂率的水平。

● 我国拳击运动训练的实践表明，教练员们已经基本掌握有关体重控制的基本规律。

● 我国大体重级别拳击运动员竞技水平较低的主要原因之一是机体肌肉含量较少、无效体重过多。

● 中小体重级别的拳击运动员身体水量占体重百分比多位于人体含水量正常值下限的客观事实是否有利于机体的代谢和运动，有必要进行认真地研究和探讨。

● 在拳击运动的 12 个体重级别中，仅有 4 个级别运动员的体脂率与运动成绩两者间具有相关关系。拳击运动员体脂率与运动成绩之间不具有必然相关关系的现象，是我国拳击运动水平与世界先进水平间存在差距的重要表现之一。

第二节　优秀速滑运动员的身体成分

　　身体成分作为描述不同项目优秀运动员生物学特征的重要指标，有效地在运动实践中得到应用。在各类竞技体育的比赛中，几乎所有的优胜者都以其机体较低的脂肪含量来奠定成功的基础。国外对优秀速滑运动员身体成分的研究报道较多，而且这类指标已经成为国外优秀速滑运动员制定训练计划、评定训练效果和预测运动成绩不可缺少的依据。

　　本文以生物阻抗身体成分分析仪为检测手段，通过确定我国优秀速滑运动员身体成分特征，来探讨身体成分与速滑成绩之间的内在联系，寻找我国优秀运动员与国外优秀运动员身体成分的异同，为我国速滑运动实践提供基本依据。

一、研究方法

　　参加全国速度滑冰冠军赛的 44 名优秀速滑运动员为调查对象。其中男运动员 18 名（年龄 20.1 ±2.63 岁；身高 176.8 ±4.65 厘米；体重 72.8 ±5.64 千克），女运动员 26 名（年龄 20.4 ±2.67 岁；身高 166.0 ±3.02 厘米；体重 64.2 ±4.02 千克）。按照竞赛规则和报名情况，将运动员分成 4 组（表 2 – 3）。共有 9 名运动员（男子 4 名、女子 5 名）同时参加短距离全能和全能两个项目比赛。

　　受试对象中，短距离组进入前 12 名者男女均为 7 人，分别占该组受试的对象的 87.5% 和 63.6%；全能组进入前 12 名者男女分别为 10 人和 12 人，分别占该组受试对象的 71.4% 和 60%。

表 2 – 3 参加不同项目比赛运动员基本情况

组　别	男			女		
	N 年龄（岁）	身高（厘米）	体重（千克）	N 年龄（岁）	身高（厘米）	体重（千克）
短距离	820.5	177.3	74.4	1121.5	166.3	64.4
	2.78	4.57	5.24	2.73	2.52	3.84
全　能	1420.1	177.5	73.2	2019.7	166.0	62.7
	2.73	5.06	6.20	2.36	3.19	4.12

表内上行为平均数，下行为标准差。

（一）运动成绩

按照短距离全能和全能比赛的竞赛规则规定，本文取全能比赛的总积分为有效运动成绩。因此，由于比赛失误等原因，短距离组有 6 名女运动员无有效成绩；全能组分别有 4 名男运动员和 9 女名运动员无有效成绩。

（二）测试方法

本研究采用生物阻抗法测定身体成分。仪器为美国 Biodynamics 公司生产的 BIA—310 型身体成分分析仪。生物阻抗测量精度 1% ±1 欧姆。

早晨空腹状态下进行身高、体重和身体成分各指标的测定。测试前一天，全体受试对象均禁饮含酒精成分饮料。两对固态心电图诊断电极（美国 Conmed 公司）分别按测量要求置于受试对象的右手和右脚。

二、我国优秀速滑运动员的身体成分特征

身体成分测量结果列于（表 2 – 4）。在优秀男子运动员中，体脂率呈短距离运动员低于全能运动员的趋势；非脂肪成分（FFM）、基础代谢率（BMR）和身体总水量（TBW）均是短距离运动员略高于全能运动员，但这些指标间均无统计学上的显著性差异（P > 0.05）。在女子优秀运动员中，除短距离运动员的体脂率呈略高于全能运动员的趋势与男子优秀运动员不同外，其他各身体成分指标同男子运动员的情况一

样。短距离运动员略高于全能运动员，但是仍不存在项目间的统计学差异（P>0.05）。

表2-4　我国不同项目优秀速滑运动员的身体成分特征

项　　目	男				女				
	N	Fat (%)	FFM (kg)	BMR (kcal)	TBW (L)	N	Fat (%)	FFM (kg)	BMR (kcal)	TBW (L)
短距离	8	9.6 0.97	67.2 5.00	2001 135	46.2 3.78	11	24.1 3.04	48.9 2.30	1500 75	1.85
全　能	14	10.9 2.83	65.2 6.08	1972 172	45.3 4.87	20	23.7 3.05	47.8 2.69	1457 95	32.6 2.33

表内上行为平均数，下行为标准差。

在不同性别的优秀运动员中，体脂率、FFM、BMR 的 TBW 各指标存在非常显著的性别差异（P<0.01）。

三、我国优秀速滑运动员身体成分与运动成绩的相关分析

我国优秀速滑运动员身体成分与全能积分间的相关分析结果表明（表2-5），不同项目优秀运动员的体脂率均与全能积分具有一定程度的正相关关系，即体脂率低者，全能积分亦优。除男子全能组（r=0.50，P>0.05）外，其他各组的这种正相关关系，其相关系数均具有统计学上的显著性意义（P<0.05）。唯有女子短距离运动员的 FFM 和 BMR 与全能积分具有非常明显的负相关关系（P<0.01）；且该组运动员 TBW 与全能积分呈明显的负相关关系（P<0.05），与体脂率和全能积分的相关关系相平行。

表2-5　我国不同项目男女优秀速滑运动员身体成分与全能积分间的相关分析

项目	男 N	Fat(%)	FFM(kg)	BMR(kcal)	TBW(L)	积分	女 N	Fat(%)	FFM(kg)	BMR(kcal)	TBW(L)	积分
短距离	8	9.6	67.2	2001	46.2	163.66	8	25.1	49.3	1500	33.1	176.75
		0.97	5.00	135	3.78	6.83		2.66	2.58	78	1.50	3.44
		0.70*	-0.07	0.20	0.19	-		0.68*	-0.81**	-0.81**	-0.73*	-
全能	10	11.1	65.9	1989	45.8	177.63	11	23.3	48.3	1464	32.8	192.79
		3.12	6.53	183	5.16	3.70		1.81	2.02	89	2.01	1.36
		0.50	0.07	0.30	0.28	-		0.66*	-0.17	-0.03	-0.17	-

*P<0.05；**P<0.01；表内上行为平均数，中行为标准差，下行为相关系数。

　　速度滑冰是一项典型的水平移动身体质量的运动项目。它象其他身体质量必须通过空间移动的运动项目一样，存在着"身体脂肪含量与运动成绩（高度、速度单位）之间的高度负相关关系"。本研究所取有效运动成绩是全能积分，即以时间为单位，故由运动成绩与体脂率进行相关分析的结果为正相关关系。这与其他学者将体脂率与运动成绩以高度或速度为单位进行相关分析的结果相一致。

　　我国不同项目优秀速滑运动员身体成分与全能积分的相关分析结果表明，女子短距离运动员不但体脂率与全能积分间具有显著相关关系，而且该组运动员的FFM、BMR和TBW这些代表肌肉含量的身体成分指标，也同全能积分有显著和非常显著的负相关关系。在本研究其他三组运动员中，相关分析的结果表明，FFM、BMR和TBW这些指标与全能积分间不存在相关关系，而且男子全能运动员的体脂率与全能积分之间的相关系数不具有统计学上的显著性意义（r=0.50，P>0.05）。这种相关分析和结果恰好同我国速滑运动不同项目与世界水平的不均衡差距相吻合。

　　从生物学的角度看，速滑项目相应地与赛跑、自行车、划船和越野滑雪等运动项目一样，是一项耗能项目。耗能项目要遵循一个总的模式，即速度=输出功率×有效率÷阻力。机体输出的功，从形式上要由

第一章　身体成分

27

机体的运动系统来完成。在 FFM 成分中，内脏和骨骼成分的含量是相对不变的。因此，机体 FFM 中的肌肉比例越多，运动中机体的输出功也将更大，其有效率也将越高。如果速滑运动员机体的脂肪含量较多，那么机体 FFM 中相对比例减少的肌肉所输出的功也将会减少，而且机体输出的功将会有相当一部分消耗在移动无效的身体脂肪质量上，使输出功的有效率下降。

Ingen Schenau 等曾就速滑运动员身体成分对运动成绩的影响做过定量的分析。他们认为，速滑运动员身体脂肪含量每变化 1 千克，将会导致 500 米滑跑成绩 0.5% 变化。同年，根本勇等人通过进一步的深入研究，定量地报道了日本优秀速滑运动员身体成分对 500 米滑跑成绩的影响。他们的研究结果表明，速滑运动员的体脂率每增加 1%，滑跑成绩下降 0.8%；机体脂肪含量每增加 1 千克，滑跑成绩下降 0.9%；非脂肪成分每增加 1 千克，滑跑成绩提高 0.6%。这些优秀速滑运动员身体成分对运动成绩影响规律的研究，深刻地阐明身体成分这类指标在速滑运动中所具有的重要作用。为此，许多速滑水平较高的国家，都把改善运动员身体成分做为制定训练计划和竞赛目标的基本依据之一。同时，这类指标也做为评定训练效果的重要依据得到有效的应用。从我国近年来的速滑训练实践来看，这类指标没有能够得到应有的重视和使用。

四、各国优秀速滑运动员身体成分特征比较

我国优秀速滑运动员与国外不同学者报道的优秀运动员一般情况相比，除女子运动员身高非常明显地高于日本同性别运动员（$P < 0.01$）、男女运动员的体重明显或非常明显地高于日本同性别运动员外（$P < 0.05$；$P < 0.01$）；年龄、身高和体重三项指标均不存在国家间的显著差异（$P > 0.05$）。

我国优秀男子短距离运动员和全能运动员的体脂率明显高于美国（$P < 0.01$）、日本（$P < 0.05$）和加拿大（$P < 0.01$）这些速滑强国的

男子优秀运动，与法国和芬兰这两个速滑运动水平相差不大国家的优秀选手相比，体脂率间不存在显著性差异（P＞0.05；见表2－6）。我国优秀女子短距离运动员和全能运动员的体脂率非常明显地高于世界速滑强国优秀女子运动员（P＜0.01；见表2－7）。

表2－6 世界优秀男子速滑运动员身体成分特征

国家（竞技水平）	N	年龄（岁）	身高（厘米）	体重（千克）	体脂率（%）	非脂肪成分(千克)	方法	作者
芬 兰（国家比赛运动员）	6	21.0 2.9	181 4.0	76.5 1.7	11.4 2.3	65.7 1.7	皮褶法	Rusko 等（1978 年）
美 国（1980 年世界杯赛运动员）	8	21.9 2.7	180 3.7	72.8 6.0	6.8 1.8	67.8 5.5	水重法	Pollock 等（1982 年）
日 本（1984 年世界杯赛运动员）	4	20.4 0.78	171.8 2.34	70.1 3.31	7.7 1.51	64.4 3.09	水重法	根本勇（1985 年）
美 国（1984 年世界杯赛运动员）	16	22.2 4.1	178 7.1	73.3 7.1	7.4 2.5	67.9 7.5	水重法	Pollock 等（1986 年）
法 国（全国比赛运动员）	5	21.25 4.32	177.4 5.72	70.6 7.73	10.30 0.81	63.3 6.49	皮褶法	Quirion 等（1988 年）
加拿大（短距离选手）	4	23.7 3.1	174.5 5.8	74.0 5.9	5.9 0.9	－	皮褶法	Smith 等（1989 年）
加拿大（全能运动员）	4	21.7 1.5	182.5 6.4	76.6 4.5	5.0 1.8	－	皮褶法	Smith 等（1989 年）
中 国（短距离选手）	8	20.5 2.77	177.3 4.57	74.4 5.24	9.6 0.97	67.2 5.00	阻抗法	本文
中 国（全能运动员）	14	20.1 2.73	177.5 5.06	73.2 6.20	11.0 2.83	65.2 6.08	阻抗法	本文

表内上行为平均数，下行为标准差。

表2-7 世界优秀女子速滑运动员身体成分特征

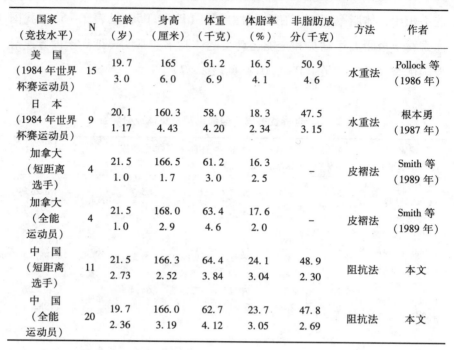

国家 （竞技水平）	N	年龄 （岁）	身高 （厘米）	体重 （千克）	体脂率 （%）	非脂肪成 分(千克)	方法	作者
美国 （1984年世界 杯赛运动员）	15	19.7 3.0	165 6.0	61.2 6.9	16.5 4.1	50.9 4.6	水重法	Pollock 等 (1986年)
日本 （1984年世界 杯赛运动员）	9	20.1 1.17	160.3 4.43	58.0 4.20	18.3 2.34	47.5 3.15	水重法	根本勇 (1987年)
加拿大 （短距离 选手）	4	21.5 1.0	166.5 1.7	61.2 3.0	16.3 2.5	–	皮褶法	Smith 等 (1989年)
加拿大 （全能 运动员）	4	21.5 1.0	168.0 2.9	63.4 4.6	17.6 2.0	–	皮褶法	Smith 等 (1989年)
中国 （短距离 选手）	11	21.5 2.73	166.3 2.52	64.4 3.84	24.1 3.04	48.9 2.30	阻抗法	本文
中国 （全能 运动员）	20	19.7 2.36	166.0 3.19	62.7 4.12	23.7 3.05	47.8 2.69	阻抗法	本文

表内上行为平均数，下行为标准差。

通过与国外优秀速滑运动员身体成分进行比较，我们观察到我国男女优秀速滑运动员的体脂率非常明显地高于美国、日本和加拿大的男女优秀运动员，而男子优秀运动员同芬兰、法国这些速滑运动水平与我国相差不多国家的优秀运动员相比较，体脂率间却不存在明显的差别（P＞0.05）。

我国同日本的饮食习惯和膳食结构比较接近，而芬兰、法国同美国和加拿大这些国家的饮食习惯和膳食结构却是基本相同。这表明，具有相同或者不同饮食习惯和膳食结构的国家，其运动员间身体成分存在的差别，似乎不是这些营养学方面的差异所致。在种族差异方面，也有类似的情况。我国同日本均处亚州，同属黄种人，而芬兰、美国和加拿大这些国家，虽处于不同的地理位置，但从种族角度来看，均属白种人。我国同日本，以及芬兰、法国同美国、加拿大运动员间身体成分存在的差异；我国同芬兰、法国，日本同美国、加拿大运动员间身体成分不存在差异的现象，提示种族差异也不可能是我国优秀运动员与世界速滑强国优秀运动员间身体成分存在差异的主要因素。我们认为，这种身体成分的差异，正象前述我国不同项目优秀运动员身体成分与全能积分的相关分析结果一样，反映着我国速滑运动水平与世界先进水平的差距。

身体成分不仅反映在竞赛上获得成功的运动员的遗传天赋，更重要的是身体成分还反映优秀运动员在所从事运动项目中具有的训练水平。我国男女短距离和全能速滑运动员机体具有较高脂肪含量的客观事实，无疑与他们训练水平低于世界先进水平有密切关系。我们认为，这已是制约我国速滑运动水平提高的重要因素之一。究其原因，重要的是我们现在所实施的训练对优秀运动员机体形成的刺激和产生的作用，不足以改善他们的身体成分，使之适应速滑运动特点。换言之，在制定我国优秀速滑运动员训练计划时，忽视或者没有注意和考虑到身体成分与速滑运动成绩之间的这种直观而具体的相互作用，过于片面地追求和依赖某些生理生化指标对速滑运动训练所产生的作用。

五、小结与建议

综上所述，我国优秀速滑运动员身体成分的主要特征，是体脂率明显高于世界速滑强国优秀运动员。这使我国优秀速滑运动员在滑跑过程中机体的输出功小于同等体重的国外优秀运动员，而且机体做功的有效率也比较低。因此，在运动时机体只能获得较低的速度就成为我国优秀速滑运动员参加竞赛的普遍结果。我国优秀速滑运动员身体成分与世界优秀运动员之间存在的这种差距，正是速滑运动水平差距的具体表现。在训练实践中，应该象注重改善运动员力量、速度和耐力素质或者象注重改善他们有氧和无氧代谢能力一样，有针对性地安排和利用一些可以有效改善身体成分的训练内容，尽可能地通过缩小身体成分方面的差距来提高训练水平。

在综合国内外可以利用资料的基础上，本文建议：

●成年男子速滑运动员的体脂率应该达到或控制在 5～10% 的范围；成年女子速滑运动员的体脂率应该达到或控制在 10～17% 的范围内；青年速滑运动员可略高于这个体脂率范围。

●身体成分应该成为训练实践者制定训练计划和评定训练效果以及预测运动成绩的重要依据。

●非常有必要通过进一步的研究，探讨速滑运动中身体成分的规律，并制定符合中国速滑运动员特点的身体成分标准，为训练实践的科学化提供依据。

主要参考文献

1. Forster, C., et al: Speed skating physiology. 1992

2. 根本勇：世界チセヤンピオソ A.K. 运动员な含む日本五轮候补スピード・スケート选手の身体组成．东邦医会志，32：387～394，1985

3. 根本勇等：日本人一流ショートピ・トラートッケ・スピード・スケート选手の身体组成と最大酸素摄取量．J. J. Sports Sci. 6, 1987. 834～842

4. Ingen Schenau, et al: On the technique of speed skating. Int. J. Sport Biomechan, 1987 (3) 419～431

5. Moore, F. D. et al: The Skeleton as a feature of body composition. Human Biology, 1968 (40) 136～188

6. Pollock, M. L., et al: Body composition of Olympic speed skating candidates. Res. Q. Exerc. Sport, 1982 (53) 150～155

7. Pollock, M. L., et al: Comparion of male and female Olympic speedskating candidates. Lander (ED), Sport and Elite Performers. Human Kinetics, Champaign, 1986. 143～152

8. 浦钧宗等：优秀运动员机能评定手册．人民体育出版社，1989. 157～163

第三节　拳击运动员的水代谢

一、测试方法

定期对不同气象条件下重点训练课的出汗量用体重差法进行检查。在精确称量体重的同时，详细记录训练过程中的饮水量和进食量以及排出机体的尿量和粪量。用各型通风干湿表和各型电子微风仪测定训练场地的干球温度、湿球温度和风速，为了便于对比，一般需要进一步计算有效温度值。

- 全身出汗量（升）＝（运动前体重－运动后体重）＋（饮水量＋进食量）－（尿量＋粪量）－（呼吸水分丢失量＋$O_2 - CO_2$ 交换丢失量）
- 全身出汗率（毫升/平方米体表面积·分）＝全身出汗量/体表面积/运动时间
- 脱水率（％）＝运动前后体重差/运动前体重×100
- 体表面积（平方米）＝0.00607×身高（厘米）＋0.0127×体重（千克）－0.0698

二、应用及评价

拳击运动由于参赛级别的限制，运动员很难在训练和比赛中保持或迅速恢复机体正常的水合状态，因此，往往影响训练的效果和比赛的成绩。采用体重差法评价拳击运动员个体在重点训练课中的出汗量、出汗率和脱水率，可以较为客观地估计拳击运动员机体水－电解质的平衡状况，为拳击运动训练中进行合理补液以维持应有的运动水平提供依据。

我们在实践中观察到，国家集训队运动员在有效温度为 21.7 ± 0.6℃的教学比赛中，平均出汗率达到 12.53 ±1.75 毫升/平方米体表面积·分；同样条件下持续运动时间为 114.6 ±13.0 分的训练课，出汗量平均为 1.73 ±0.45 升，平均脱水率为 2.54 ±0.39%，其中最大者可达 3.61%。按照大多数学者的观点，脱水一旦超过体重的 2%，就应引起极度关注，此时，机体的深部温度升高、心率加快，对继续运动无益。

我们在长期的训练中还发现，拳击运动员受其运动项目特点的影响，如训练中要带手套、护齿以及担心体重超过参赛级别等，在平时的训练中常常不便或不敢充分补液。实际训练中，大多数拳击运动员没有主动补液的习惯。个别运动员即便在训练中补充液体，数量一般也不超过 300 毫升。所以，应用体重差法对重点训练课进行机体水代谢状况的监测，具有十分重要的必要性和现实性。

三、参考范围（表 2 - 8、表 2 - 9、表 2 - 10）

表 2 - 8 　不同训练课次环境的气象条件与持续运动时间

训练课别	干球温度 （℃）	湿球温度 （℃）	相对湿度 （%）	风速 （米/秒）	有效温度 （℃）	运动时间 （分）
教学比赛	24.9 ±1.3	17.8 ±1.1	51.3 ±11.9	0.05	21.7 ±0.6	37.4 ±1.9
上午	20.9 ±1.2	19.1 ±1.1	86.3 ±6.2	0.05	20.3 ±1.0	99.6 ±12.1
下午	24.0 ±2.6	18.6 ±1.5	60.0 ±8.7	0.05	21.7 ±1.8	114.6 ±13.0

表 2 - 9 　不同训练课次拳击运动员的体液丢失情况

训练课次	n	出汗量 （升）	出汗率 （毫升/平方米体表面积·分）	脱水率（%）
教学比赛	30	0.87 ±0.18	12.53 ±1.75	1.31 ±0.21
上午	88	1.02 ±0.32	5.51 ±1.45	1.51 ±0.32
下午	86	1.73 ±0.45	8.04 ±1.41	2.54 ±0.39
全天	86	2.75 ±0.71	—	—

表 2 – 10　拳击运动员在教学比赛中的体液丢失情况

类　别	n	出汗量 （升）	出汗率 （毫升/平方米体表面积·分）	脱水率（%）
国家队集训队	30	0.87 ± 0.18	12.53 ± 1.75	1.31 ± 0.21
省　队	10	0.78 ± 0.21	10.10 ± 1.21	1.02 ± 0.16
大级别组	12	1.00 ± 0.20	13.21 ± 1.86	1.28 ± 0.23
小级别组	18	0.79 ± 0.11	12.09 ± 1.57	1.33 ± 0.20

第四节　拳击运动员的微量元素营养

一、测试方法

6~12 个月定期测定运动员头发或血浆/清中某些微量元素的含量。一般采用原子吸收光谱法（AAS）和高频等离子体发射光谱法（ICP）进行测定。

二、应用及评价

硒是人体必需的微量元素之一，其生化作用是多方面的，其中最重要的是抗氧化作用。已经证实，硒不但通过非酶硒化合物（如硒半胱氨酸）及硒蛋白等形式发挥抗氧化作用，而且作为谷胱甘肽过氧化物酶（GSH – PX）的活性中心，与其他抗氧化酶（如超氧化物岐化酶 SOD）共同清除人体内在新陈代谢过程中产生的过量自由基。硒作为机体抗氧化酶系的重要成员，对清除机体内的自由基，减少其损害作用发挥着不可替代的作用。一般认为血浆硒水平可用来反映机体近期硒营养状况，血浆谷胱甘肽过氧化物酶活性达到恒定饱合所对应的血浆硒水平应为 7.0μg/dl。我们在实践中发现，拳击运动员血浆硒含量低于谷胱甘肽过氧化物酶活性达到恒定饱合水平者的比例明显地高于短道速度滑冰的优秀运动员，因此，在运动训练过程中有效地进行补硒，可以提高他们体内 GSH－PX 的活性水平。

镍有类似钴的生血活性，具有刺激生血机能的作用，促进红细胞的再生。

锌是人体必需的微量元素，广泛分布于各组织器官中，其中骨骼与皮肤中较多，头发锌含量可以反映膳食锌的长期供应水平和人体锌的营养状况。锌参与人体内许多金属酶的组成。锌是机体内氧化还原酶类、转移酶类、水解酶类、裂解酶类、异构酶类与合成酶类等六大酶类 200多种酶的组成部分，它们在组织呼吸以蛋白质、脂肪、糖和核酸等代谢中有重要作用。锌促进机体的发育和组织再生。锌是调节 DNA 复制、转译和转录的 DNA 聚合酶的必需组成部分，锌不仅对于蛋白质和核酸的合成而且对于细胞的生长、分裂和分化的各个过程都是必需的。锌可以通过参加构成一种含锌蛋白（唾液蛋白）对味觉与食欲起促进作用，促进维生素 A 的正常代谢和生理功能。此外，锌促进性器官与性机能的正常发育，保护皮肤健康，参与免疫功能过程。

三、参考范围（表 2 -11、表 2 -12）

表 2 - 11　23 名优秀拳击运动员头发中微量元素
含量与普通人正常值（μg/g）

类别	年龄	硒	镍	铁	锌	铬	铜
拳击运动员	21.83 ±2.23	0.34 ±0.73	0.0132 ±0.0074	115.35 ±246.63	181.16 ±82.88	5.27 ±6.50	7.91 ±6.22
普通人	成人	0.24~88	0.77±0.58	11±4.3	179±38	0.98±0.76	10.4±3.84

表 2 - 12　46 名拳击运动员血浆微量元素含量与普通人正常值

类别	硒（μg/dl）	镍（μg/L）	锌（μg/dl）
拳击运动员	15.63±16.13	50.44±88.92	1164.0±765.5
普通人	12	33（7.8~58）	960±12~1240±159

第三章 心电图与左心室形态功能特点

第一节 拳击运动员的心电图特点

一、对象与方法

拳击项目运动员心电图的改变是运动员机体机能状态和疲劳状况的评价指标之一。目前有关其他运动项目心电图变化报道较多,国内有关男子拳击运动员心电图变化的报道尚不多见。

(一)对 象

本文的调查对象为参加全国男子拳击冠军赛的优秀拳击运动员 56 名。其中,国际运动健将 2 人,健将级 22 人,一级 32 人。平均训练年限为 5.89 ±2.35 年,其中最长的 10 年,最短的 2 年。对照组为本科男生 185 人。调查对象的一般情况列于(表 3 - 1)。

表 3 - 1 各组调查对象的一般情况

组 别	N	Age	Weight（kg）	Height（cm）	BSA
运动组	56	21.73 ±2.93	66.50 ±14.6	175.00 ±9.26	2.56 ±0.37
对照组	185	21.75 ±1.10	73.58 ±8.84	178.00 ±5.44	2.57 ±0.11

(二)方 法

调查对象于清晨空腹安静状态卧姿下顺序采集 12 个导联的心电图。

(三)仪 器

ECG - 8110P 心电图机(日本光电)。

(四) 数据处理

依据诊断标准逐人进行心电图分析。统计结果用百分数或平均数 ± 标准差表示，组间显著性检验按数据性质分别采用 X^2 检验和 T 检验。

二、结 果

在 56 名优秀拳击运动员中，心电图异常者 33 例 (不包括窦性心动过缓和左室高电压)，占全部调查对象的 58.93%；对照组心电图异常者 115 例，占全部调查对象的 62.16%，显然，对照组的心电图异常者高于运动员组，两组间的比较无显著性差异 (表 3 -2)。运动员组窦性心动过缓、左室高电压、不完全右树枝传导阻滞的发生率分别为 87.5%、51.78%、7.14%；而对照组的发生率分别为 43.78%、18.34%、0.54%，组间比较有显著差异 (P < 0.005)。

表 3 - 2　心电图测试结果

组　别	运动组 (56)		对照组 (185)		检验结果	
	例数	%	例数	%	X^2	P
窦性心动过缓	49	87.50	81	43.78	33.07	P < 0.005
左室高电压	29	51.78	34	18.38	24.85	P < 0.005
非特异性 ST—T 改变	5	8.92	9	4.86	0.29	
ST—T 改变	11	19.56	16	8.64	1.05	
室性期前收缩	2	3.57	4	2.16	0.31	
窦性心律不齐	12	21.43	42	22.70	0.04	
PR 缩短	2	3.57	4	2.16	3.65	
电轴右偏	3	5.36	18	9.73	1.03	
QTC 缩短	2	3.57	9	4.86	0.20	
不完全右树枝传导阻滞	4	7.14	1	0.54	9.22	P < 0.005
右室肥大	1	1.77	1	0.54	1.62	

在心电图的异常改变中，运动员组 ST - T 改变、室性期前收缩、PR 间期缩短、右室肥大分别为 19.56%、3.57%、3.57%、1.77%；对照组分别为 8.64%、2.16%、2.16%、0.54%，运动员组有高于对照

组的趋势，但不存在显著性差异（P > 0.05）。运动员组窦性心律不齐、电轴右偏、QTC 缩短，分别为 21.43%、5.36%、3.57%，对照组分别为 22.7%、9.73%、4.86%，运动员组有低于对照组的趋势，但不存在显著性差异（P > 0.05）。

表 3 – 3　两组间 HR、Sv_1、Rv_5、$Sv_1 + Rv_5$ 比较

组别	HR（beat/min）	Sv1（mv）	Rv5（mv）	$Sv_1 + Rv_5$（mv）
运动组	48.24 ± 9.06	1.47 ± 0.62	2.73 ± 0.88	4.80 ± 5.10
对照组	61.77 ± 9.69	1.37 ± 0.53	1.88 ± 0.50	3.32 ± 0.76
T	9.6311	0.0162	6.899	2.165
P	P < 0.001		P < 0.001	P < 0.001

两组间 HR、Rv_5、$Sv_1 + Rv_5$ 比较（见表 3 – 3）。运动员组分别为 48.24 ± 9.06beat/min、2.73 ± 0.88mv、4.80 ± 5.10mv；对照组分别为 61.77 ± 9.69beat/min、1.88 ± 0.50mv、3.32 ± 0.76mv，运动员组心率非常明显地低于对照组（P < 0.01）、运动员组 Rv_5 和 $Sv_1 + Rv_5$ 均非常明显地高于对照组（P < 0.001）。

三、讨　论

异常心电图的发生与运动员的机能状态有着密切的关系。如 Ⅰ、Ⅱ 度房室传导阻滞、频发房性、室性早搏和 ST – T 改变。伴有这些异常心电图的出现，运动员多表现出明显的自觉症状和不同程度的疲劳感，在训练和比赛中出现机能水平下降，训练效果不佳，比赛成绩降低等各种表现。而窦性心动过缓（心率 40 次/分）、左室高电压、窦性心律不齐等这些心电图异常，多是在运动员不自觉中发生，运动员无明显的异常感觉，一般不影响训练和比赛。

在 56 名优秀拳击运动员中，心电图异常者 33 例（不包括窦性心动过缓和左室高电压），占全部调查对象的 58.93%；低于对照组心电图异常者 62.16% 的比率，两组间比较无显著性差异（P > 0.05）。

（一）窦性心动过缓

心率是反映运动员心脏功能水平的一项常用指标。由于运动员机体的许多变化都首先从心率的改变中表现出来，所以心率又是评定运动员机能状况的一项重要参数。窦性心动过缓是运动员心脏功能和机能状况良好的标志。

拳击运动员安静时的平均心率为 48.24 ± 9.06 次/分（最低心率32次/分、最高心率69次/分），非常明显的低于对照组的（$P < 0.01$）；窦性心动过缓的发生率为 87.50%、非常明显的高于对照组的 43.78%，说明拳击运动员和对照组在心率方面存在非常显著性差异。有报道，速滑运动员的平均安静心率为 52.2 ± 0.50，次/分，冰雪运动员的平均安静心率为 63.45 ± 11.75 次/分，二者安静时的平均心率均高于拳击运动员。窦性心动过缓的发生率在不同运动项目间也存在明显的差异，冰雪运动员为 30%，举重运动员为 43.03%，游泳运动员为 67.55%，均低于拳击运动员；而登山运动员为 91.66%，显然高于拳击运动员。这提示拳击运动项目对拳击运动员心血管机能要求有别于其他项目。拳击运动是以力量性为主的运动项目，该项目的特点决定了运动员对心功能的要求极高，只有良好的心脏储备才能适应拳击运动项目剧烈变化的运动负荷量的要求。

长期运动训练使运动员的心脏产生适应性的变化，心率普遍低于其他人群，属正常生理现象。由于长期的运动引起迷走神经张力增强，交感神经的张力降低。因此，安静时运动员心率减慢，心肌耗氧量减少，心肌出现能量节省；这是训练有素的运动员的良好的心力储备。而运动时运动员心脏动员的快，心率可以高达极限水平，对提高运动竞技水平起到至关重要的作用。

（一）左心室高电压

长期从事力量性训练可以导致运动员左心室壁增厚，这使心脏发生向心性肥厚，室腔容积无明显的变化，室腔结构比例也未改变，这是与项目对心脏机能要求较高的特点相适应的。Morganroth 认为，力量性或静力性项目运动时，心脏后负荷增大，引起左心室壁增厚。根据 La-place 定律，只有心肌的肥厚方能代偿收缩期压力的增高，以维持恒定和正常的左室壁压力，使左心室在高压力下射出正常的血量，以满足机体在高强度大负荷状态下的需要。

拳击运动由于项目的特殊性，要求运动员的心脏具有极强的适应能力。由于长期的运动训练，运动员心脏普遍表现为左心室壁的肥厚。本次调查表明运动员组 Rv_5 为 $2.73 \pm 0.88mv$、$Sv_1 + Rv_5$ 为 $4.80 \pm 5.10mv$，分别高出对照组 $0.67mv$ 和 $1.48mv$（$P < 0.01$），高出速滑运动员 $1.61mv$（$Sv_1 + Rv_5$）。左室高电压发生率，运动员组为 51.78%，明显高于对照组的 18.38%（$P < 0.01$），该指标冰雪运动员为 18.63%，举重运动员为 20.27%，游泳运动员为 6.29%，马拉松运动员为 36.84%，均明显地低于拳击运动员。这些不同项目之间的差异反映了拳击运动员的心功能非常明显的有别于其他各类运动项目，它代表了拳击运动项目的特征。

拳击运动是一项高强度、快节奏的运动，由于竞赛规则的规定，在比赛中由剧烈运动迅速转为静止状态是拳击项目的显著特点。拳击运动员安静时平均心率为 48.24 次/分，运动后可以高达 190 次/分，而运动后 1 分钟就可以降低心率 20% 以上。这种符合项目特点的心功能变化，表明了运动员在运动中不仅要依靠心率的变化，也需要心脏本身形态的改变及心肌收缩能力的提高来满足机体剧烈运动时对氧的需求。

（三）不完全性右树枝传导阻滞

运动员出现传导阻滞多数与机能状态有关。一般认为，不完全右树枝传导阻滞单独存在时无病理意义，与运动训练时右心室舒张期负荷过重、右心室扩张有关。本调查显示运动员组的不完全右树枝传导阻滞发生率为 7.17%，对照组的发生率为 0.54%，运动员组的发生率显然高于对照组，两组间比较有非常显著性的差异（$P < 0.01$）。

（四）ST－T 改变

ST－T 是左右心室全部激动完毕到复极终止时所产生的电位改变。

ST－T 改变无特异性，因此，任何影响心肌复极的因素都可以产生 ST－T 的改变，临床多视为冠状动脉供血不足致心肌缺血、缺氧的结果。运动员中 ST－T 改变具有重要的意义和实用价值，是估价和评定心脏负荷过重、心肌供血不足以及机体疲劳和过度训练的重要依据之一。而非特异性 ST－T 改变，对训练和比赛无不良影响。拳击运动员 ST－T 改变的发生率为 19.56%，高出对照组的 8.64%，两组间比较无统计学差异（P＞0.05）。ST 波压低多发生在 Ⅱ、Ⅲ、aVF 和 V$_5$，抬高易发生在 Ⅱ、aVF 和 V$_3$；T 波低平多在 Ⅱ、Ⅲ、aVF 和 V$_3$。T 波高于 R 波运动员中较多见，可能与心肌能量代谢失调、能量物质恢复不足，去极化程度减弱而导致复极过程代谢性增强有关。运动员中出现 ST－T 改变，多与运动员机能水平下降，机体过度疲劳和心肌负荷过重有关。因此，如果运动员出现 ST－T 改变而于 24 小时内不能完全恢复，则需要及时调整训练，减轻运动量和运动强度，使机体早日恢复。

（五）窦性心律不齐

拳击运动员窦性心律不齐的发生率为 21.42%；对照组为 22.70%（P＞0.05），这与窦性心动过缓两组间的比较有较大的差别。窦性心律不齐发生率：举重运动员为 29.11%，游泳运动员为 40.72%，马拉松运动员为 63.75%，均高于拳击运动员。这些不同项目之间的差异反映了拳击运动项目的特征。一般认为窦性心律不齐是迷走神经张力的变化，与窦房结产生冲动的频率发生变化有关。由于迷走神经的抑制作用，使起搏点游走于窦结内，引起 P 波形态逐渐发生变化。窦性心律不齐与窦性心动过缓的发生有关，心率越慢，心律不齐的发生率越高。拳击运动员窦性心动过缓的发生率非常明显的高于对照组 43.72%，而窦性心律不齐两组间比较相近的现象说明了拳击运动员心血管功能的强大的适应能力。

四、小 结

• 心电图的改变与运动员的机能状态和机体疲劳有较密切的关系，

为运动员做系统的心电图观察可以为运动训练和医务监督工作提供较可靠的科学依据。

● 拳击运动员窦性心动过缓、左室高电压的发生率明显增高是训练有素运动员良好心力储备的表现，是运动员水平提高的标志。

● 拳击运动员平均心率明显低于其它项目，窦性心动过缓的发生率明显高于其它项目恰好说明了拳击运动员心功能适应项目特点的要求。

● 拳击运动员窦性心动过缓的发生率非常明显的高于对照组，而窦性心律不齐两组间比较相近的现象说明了拳击运动员心血管功能的强大的适应能力。

主要参考文献

1. 高云秋，等．日本运动员心脏第二度房室传导阻滞．中国运动医学杂志，1985，4（3）167～169

2. 黄高勋．中长跑运动员的心电图．国家体育总局体育科学研究所论文选集，1998.43～46

3. Juha Karvonen，et al. Abnorlam ECG finding and heart function examined by non-invasive methods in a group of athletes．Jsport Med & Phys Fit. 1983，23（4）264～372

4. Carret F. Adventage of electrocardiogroaphic monitoring in top level athletes. Int J Sport Med，1991，12（2）236～240

5. 王桂云等．运动员心电图各种异常情况的初步统计分析．中国体育科技，1985（3）1～5

6. 石毓澎．临床心律学．天津科技出版社，1996

7. 黄宛等．临床心电图学．人民卫生出版社，1988

8. 高云秋等．运动和心律失常．中国运动医学杂志，1989，8（2）121

9. 刘秀梅．60 名速滑运动员安静是心电图的分析．冰雪天地，1988（4）44

10. 常世和等．冰雪运动员心电图467 里分析．吉林体育科技，1982（4）37

11. 高云秋等．对运动员心电图的评价．体育科学，1982，2（1）51

12. Morganroth J.，et al. Comprarative left ventricular dimension in trained athletes. Ann. Int. Med. 1975. 82（4）521

第二节　速滑运动员的左心室形态与功能

速度滑冰运动员其心脏形态结构与功能在机体对运动训练产生适应的过程中出现一系列的变化。一般认为，运动员群体中心脏某些形态与功能指标发生的明显变化，是心脏功能增强、身体运动能力提高的表现。本文对速度滑冰运动员左心室形态结构和功能进行检查的目的，在于深入了解该项目运动员左心室形态结构和功能的特征。

一、对象和方法

（一）对　象

运动组为 21 名速度滑冰运动员，其中男性 10 名，女性 11 名；运动等级的分布为：健将级运动员 9 名，一级运动员 6 名，二级运动员 6 名；训练年限最长的 16 年，最短的 4 年，平均训练年限男女运动员分别为 8.6 ± 4.9 和 8.8 ± 3.1 年。对照组为普通大学生 20 名（男、女各 10 名）。全部调查对象的一般情况列于（表 3 - 4）。

（二）方　法

1. 仪器与方法：LOGIQ400MD 彩色多普勒血流显像仪（美国 GE 公司）。测量探头频率 3.75MHz。检测体位分别为仰卧位和左侧卧位。以心脏左侧长轴切面为基准，按临床常规于安静状态下测量左心室各径线和容积指标。

2. 测量指标：全部数据依超声诊断标准进行测量与计算。

（1）左心室后壁舒张末期厚度（LVPWd）；（2）左心室后壁收缩末期厚度（LVPWs）；（3）室间隔舒张末期厚度（IVSTd）；（4）室间隔收缩末期厚度（IVSTs）；（5）左心室舒张末期内径（LVIDd）；（6）左心室收缩末期内径（LVIDds）；（7）左心室舒张末容积（EDV）；（8）左心室收缩末容积（ESV）；（9）左心室心肌重量（LVM）；（10）每搏量（SV）；（11）每分输出量（CO）；（12）心率（HR）；（13）单

位心肌射血量（UMO）；（14）射血分数（EF）；（15）左室短轴缩短率（FS）；（16）每搏量指数（SVI）；（17）心指数（CI）；（18）左室后壁厚度缩短率（△PWT）；（19）室间隔厚度缩短率（△IVST）。

表3－4　各组调查对象的一般情况

Group		N	Age（age）	Height（cm）	Weight（kg）	BSA
运动组	男	10	16.40±3.27	173.6±7.77	64.26±12.29	2.46±0.17
	女	11	17.00±2.89	166.9±5.30	62.20±7.20	2.36±0.10
对照组	男	10	17.44±0.97	173.5±5.02	63.60±8.54	2.45±0.10
	女	10	17.02±0.47	164.6±6.93	58.80±11.44	2.31±0.15

（三）数据处理

利用 SAS V6.12 统计分析系统对数据进行常规统计分析。

二、结　果

（一）速滑运动员左心室形态结构

男子速滑运动员左心室后壁收缩末期厚度、室间隔收缩末期厚度及厚度指数、左心室舒张末期容积及容积指数、左心室心肌的重量及重量指数分别高出对照组 1.48mm、2.57mm、1.02mm/m²、24ml、9.39ml/m²、47g、18.05g/m²，同性别组间比较有显著和非常显著的差异（$P < 0.05$、$P < 0.01$）。

女子速滑运动员左心室收缩末期的厚度，室间隔收缩末期的厚度，分别高出对照组 3.2mm、1.50mm（$p < 0.01$、$P < 0.05$）；左心室收缩末期容积及容积指数分别低于对照组 10.79ml、5.10ml/m²（$p < 0.01$）。左心室心肌的重量及重量指数分别高出对照组 33.37g、12.41g/m²（$p < 0.05$）（表3－5）。

表 3-5   运动组与对照组的左心室形态结构测试结果

指标		运动组		对照组	
		男（10）	女（11）	男（10）	女（10）
LVIDd	（mm）	49.80 ±3.94	47.31 ±2.41▲	46.40 ±3.98	44.30 ±4.00
LVIDs	（mm）	32.60 ±4.81	28.18 ±2.82	28.12 ±3.63	27.60 ±3.78
LVPWd	（mm）	8.40 ±0.70	7.82 ±0.60	8.00 ±0.78	7.60 ±0.52
LVPWs	（mm）	17.10 ±1.85▲	18.30 ±1.56▲▲	15.62 ±1.33	15.10 ±2.33
LVPWTI	（mm/m²）	3.42 ±0.32	3.30 ±0.27	3.28 ±0.35	3.29 ±0.22
IVSTd	（mm）	8.40 ±0.70	7.73 ±0.65	8.13 ±0.60	7.50 ±0.53
IVSTs	（mm）	16.20 ±1.75▲▲	15.15.60 ±1.50▲	13.63 ±1.12	14.10 ±1.10
IVSTI	（mm/m²）	6.61 ±0.77▲▲	6.60 ±0.70	5.59 ±0.47	6.12 ±0.65
EDV	（ml）	129.5 ±25.34▲	104.21 ±17.30	105.5 ±26.88	91.0 ±17.40
EDVI	（ml/m²）	52.39 ±8.13▲	43.66 ±7.14	43.00 ±10.04	39.18 ±6.57
ESV	（ml）	37.20 ±14.70	24.51 ±7.78▲▲	32.25 ±9.86	35.30 ±9.27
ESVI	（ml/m²）	15.07 ±6.03	10.25 ±3.03▲▲	13.15 ±3.73	15.35 ±4.31
LVM	（g）	270.0 ±53.62▲	225.17 ±32.07▲	223.0 ±42.50	191.8 ±38.98
LVMI	（g/m²）	109.2 ±17.85▲	94.82 ±12.78▲	91.15 ±16.03	82.41 ±13.44

速滑运动员与对照组比较：▲p<0.05 ▲▲p<0.01。

（二）速滑运动员左心室的功能

男子速滑运动员左心室功能与对照组比较除心率外，各指标均高于对照组。每搏量及每搏量指数、单位心肌射血量、射血分数、左室短轴缩短率、左室后壁厚度短缩率分别高出对照组 14.05ml、5.32ml/m²、6.37l/100g、7.53%、2.88%、7.4%，但无统计学意义（p>0.05）。室间隔厚度短缩率高出对照组 25.75%（p<0.01）（表 3-6）。

表 3 − 6　运动组与对照组的左心室功能测试结果

指　标		运动组		对照组	
		男（10）	女（11）	男（10）	女（10）
SV	（ml）	92.30 ± 19.25	79.10 ± 14.20▲▲	78.25 ± 21.74	55.80 ± 18.20
SI	（ml/ m²）	37.32 ± 5.99	33.40 ± 6.30▲▲	32.00 ± 8.76	23.88 ± 7.27
CO	（L）	7.02 ± 1.28	5.59 ± 0.72	6.26 ± 1.66	4.66 ± 1.57
CI	（L/m²）	2.85 ± 0.47	2.36 ± 0.32	2.55 ± 0.67	2.00 ± 0.63
HR	（b/min）	77.40 ± 13.20	71.21 ± 8.29▲▲	80.29 ± 8.94	84.00 ± 9.61
UMO	（L/100g）	51.78 ± 9.28	44.76 ± 5.56	45.41 ± 8.66	47.59 ± 5.51
EF	（%）	71.80 ± 9.05	76.18 ± 6.21▲▲	64.27 ± 6.13	60.12 ± 12.02
FS	（%）	35.20 ± 7.80	38.83 ± 5.24▲	32.32 ± 6.38	30.76 ± 7.82
△PWT	（%）	104.2 ± 20.16	134.49 ± 22.59▲▲	96.80 ± 22.07	98.90 ± 25.18

速滑运动员与对照组比较▲p < 0.05　　▲▲p < 0.01。

三、讨　论

（一）速滑运动员左心室形态结构特点

一般认为，系统专项运动训练能使运动员的左心室腔扩大，左心室壁增厚。离心性左心室增大可使左心室舒张末期的贮血量增加；向心性左心室增大可使心脏具有较强的收缩能力，这类运动员心脏形态的变化是机体机能水平提高的生物学基础。

速滑运动员的室间隔及左心室后壁收缩末期厚度均明显和非常明显的高于对照组（P < 0.05、P < 0.01），而舒张末期的上述两项指标与对照组无显著差别（P > 0.05）。正常人室间隔约占整个心脏的29%，室间隔是心血管系统中唯一由大小循环所共有的部分，暴露在任一循环所致的血液动力学负荷下，是心脏超负荷后最先的靶器官。这种特殊的解剖位置决定了它在心血管系统中的特殊作用。速滑运动员舒张期左心室后壁和室间隔厚度与常人相近，而收缩期却明显和非常明显的高于正常人的现象是长期运动训练的必然结果。这种收缩幅度的明显增加，对心脏收缩压的维持起着至关重要的作用。运动员心脏形态的这种改变将增加心肌纤维的初长度，使心肌的收缩能力增强，更有利于血液的排出。

因此，收缩末期左心室后壁和室间隔厚度的明显增加对心搏量的提高尤为重要。

速滑运动员左心室心肌的重量和重量指数、左心室舒张末期的内径和左心室舒张末期的容积均高于对照组（P < 0.05）。女子速滑运动员左心室舒张末期的内径与对照组比较有显著性差异（P < 0.05）；男子速滑运动员左心室舒张末期的容积及容积指数与对照组比较均有显著性差异（P < 0.05）。运动员左心室内径和容积的变化相一致，将使左心室更好的充盈，增加心肌的回心血量，保证心输出血量的供应。男子速滑运动员左心室收缩末期的容积与对照组相近；女子速滑运动员左心室收缩末期的容积却非常明显的低于对照组（P < 0.01）。速滑运动员心脏在收、舒末期的显著性变化适应高强度、大负荷训练的要求，这种性别间与对照组存在的不同差异，提示女运动员心脏的可塑性优于男性。运动员心脏结构的这种变化，显示了运动员心肌强大的收缩能力和充分的舒张功能，是保证每搏射血量大，射血有力的基础。

有文献报道，运动员左心室舒末内径、左心室心肌重量均与最大摄氧量呈高度相关，而最大摄氧量是直接表达运动员有氧能力的经典指标。可以认为，左心室舒张末期内径和容积的增加和左心室收缩幅度的增大是速度滑冰运动员通过训练获得良好心脏适应的特征性表现。

（二）速滑运动员的左心室功能特点

男子速滑运动员的左心室功能指标除心率外，均高于对照组，但无统计学意义（P > 0.05），而室间隔厚度短缩率却非常明显地高于对照组（P < 0.01）的现象，反映了男子速滑运动员室间隔的强大收缩能力。女子速滑运动员在每搏量、每搏量指数、心率、射血分数、左室后壁厚度短缩率、左室短轴短缩率均非常显著和显著地高于对照组（P < 0.01、P < 0.05）的结果。显示了女子速滑运动员经过长期系统的专项训练，心脏泵血能力的提高与前述的形态变化相一致。支持了王凤桐的观点。男女速滑运动员在左心室功能方面与对照组相比较出现的这一现象，符合人群中运动习惯的性别差异特征。

速滑运动员在每分输出量和心指数与对照组比较无显著性差异（P＞0.05）的现象，是他们安静心率较低所导致每分输出量相对减少的必然结果。一般认为，在定量运动负荷状态下，运动员主要较多地通过增加左心室舒张末期的容积来增加每搏输出量，而不是依靠提高心率来增加心脏的泵血能力；正常人在运动负荷过程中主要是通过增加心率来提高其泵血能力以满足运动时机体代谢增强的需要。R·H·伯杰指出，在定量负荷中心血管适应能力好的人，心率一般上升较少。完成同一运动负荷心率较慢是机能节省、心脏储备力强的表现。

四、小 结

● 速滑运动员心脏形态结构的变化是运动员通过训练获得良好心脏适应的特征性表现。是保证高强度、大负荷运动量的生物学基础。

● 速滑运动员心脏形态与对照组比较，男性以舒张末期容积缩小为主，女性以收缩末期容积提高为主；左心室后壁和室间隔收缩末期厚度均显著和非常显著的高于对照组（p＜0.05、P＜0.01）。

● 女子速滑运动员左心室功能与对照组比较明显增加（p＜0.05、P＜0.01），而男子速滑运动员左心室功能与对照组比较无统计学差异，说明训练时该项目女运动员心脏的泵血能力的提高及心脏贮备能力的增强优于男性。

主要参考文献

1. 王小虹，支二林，赵旭明等．女子速滑运动员超声心动图反映出的左心室形态功能特点 ［J］．冰雪运动，1997，12（4）：39～40

2. 王凤桐，张强，杨霆等．速滑运动员左室功能的二维超声心动图分析 ［J］．冰雪运动，1996（7）44～47

3. 吕新颖．优秀投掷运动员超声心动图特点的研究 ［J］．中国运动医学杂志，1998；17（2）：160～162

4. 林福美．超声心动图检查 ［J］．中国运动医学杂志，1988.7（1）：57～60

5. Morganroth J. , et al. Comprarative left ventricular dimension in trained athletes [J]. Ann. Int. Med. 1975, 82 (4): 521~522

6. 鲁树坤，包梅芳，梁明锦. 现代超声诊断学 [M]. 第一版，长沙市展览馆路 11 号，湖南科学技术出版社，1996，196~203

7. 吴雅峰，张桂珍. 实用心脏超声诊断学 [M]. 第一版，北京海淀区文慧园北路甲 22 号，中国医学科技出版社. 1997, 235~244

8. 程天，等. 室间隔对心功能作用的试验也研究 [J]. 中华心血管杂志，1999. 27 (2): 144~148

9. Pearlman ES, Weber KT, Jnicki Js . Quantitative histdogy of the hypertrophied human heart [J]. Fed proc, 1981, 40: 2042~2047

10. Fiorentini C，Gall C，Tamborini G，et al . Combined hemodynamic overloard of the left and right ventricles as a possible cause of interventricular septum preponderance in high blood pressure [J]. Am Heart J, 1988, 116: 509~514

第三节 急性运动对拳击运动员左心室形态和功能的影响

有关拳击运动员安静状态心功能的报道较少。尚未见到急性运动对拳击运动员心功能影响方面的研究报道。本文就急性运动对男子拳击运动员左心室形态结构和功能的影响进行了研究，以探讨业余拳击运动员心脏形态结构和功能的特征，为拳击运动员的选材和训练实践提供和积累资料。

一般认为，拳击运动是以力量为主的速度性运动项目。该项运动的基本特征是运动强度大、动作的力度与幅度多变，因此，要求该项目运动员的心脏具有强大的泵血功和储备能力。

一、对象和方法

（一）对 象

本研究由 19 名业余拳击运动员组成运动员组，10 名普通大学生组成对照组。运动员组的平均训练年限为 3.37 ± 2.91 年，其中成年组运动员 11 名，青年组运动员 8 名。成年组与青年组运动员的平均训练年限分别为 5.59 ± 3.13 年和 1.94 ± 0.42 年，平均年龄分别为 21.36 ± 2.62 岁和 16.88 ± 0.64 岁。成年组与青年组运动员的运动水平分别是健将级运动员 3 名，一级运动员 8 名和一级运动员 2 名，二级运动员 4 名，三级运动员 2 名。全部调查对象的基本情况列于（表 3 – 7）。

表 3 – 7　调查对象的一般情况

组别	n	Age	height	weight	BSA
运动员	19	19. 47 ± 3. 03	176. 90 ± 8. 20	63. 87 ± 10. 78	2. 50 ± 0. 61
对照组	10	20. 60 ± 0. 52	172. 70 ± 4. 81	62. 10 ± 6. 57	2. 43 ± 0. 09

（二）　方　法

1. 仪器与方法：SDNOLYER—SSH—65A 彩色多普勒血流显像仪（日本东芝），测量探头频率 3.75MHz，检测体位分别为仰卧位和左侧卧位。以心脏左侧长轴切面为基准，按临床常规于急性运动前安静状态和运动后即刻分别测量左心室各径线和容积指标。

运动试验采用一次负荷试验，负荷方式为原地高抬腿跑，持续时间为 15 秒，强度要求为 100 米跑的强度和步频。

2. 测量指标：全部数据依超声诊断标准进行测量与计算。

（1）左心室后壁舒张末期厚度（LVPWd）；（2）左心室后壁收缩末期厚度（LVPWs）；（3）左心室后壁厚度指数（LVPWTI）；（4）室间隔舒张末期厚度（IVSTd）；（5）室间隔收缩末期厚度（IVSTs）；（6）室间隔厚度指数（IVSTI）；（7）左心室舒张末期内径（LVIDd）；（8）左心室收缩末期内径（LVIDs）；（9）左心室舒张末容积（EDV）；（10）左心室舒张末容积指数（EDVI）；（11）左心室收缩末容积（ESV）；（12）左心室收缩末容积指数（ESVI）；（13）左心室心肌重量（LVM）；（14）左心室心肌重量指数（LVMI）；（15）每搏量

(SV)；（16）每搏量指数（SVI）；（17）每分输出量（CO）；（18）心率（HR）；（19）心指数（CI）；（20）单位心肌射血量（UMO）；（21）射血分数（EF）；（22）左室短轴缩短率（FS）；（23）左室后壁厚度缩短率（△PWT）；（24）室间隔厚度缩短率（△IVST）。

（三）数据处理

采用 SAS V6.12 统计分析系统对数据进行常规统计分析。

二、结　果

（一）左心室形态结构

各组调查对象左心室形态结构的测量结果列于（表 3 - 8）和（表 3 - 9）之中。

表 3 - 8　运动组与对照组受试者的左心室形态结构

指　标		拳击运动员 n = 19 运动前	普通对照组 n = 10 运动前	拳击运动员 n = 19 运动后	普通对照组 n = 10 运动后
LVIDd	（mm）	50.6 ±3.78 * * ▲▲	46.41 ±3.98 ▲	53.46 ±3.93 * *	48.62 ±3.24
LVIDs	（mm）	33.3 ±5.43	31.21 ±3.31	32.83 ±5.12	34.21 ±2.58
LVPWd	（mm）	9.11 ±0.74 * *	7.93 ±0.88	9.05 ±0.62 * *	8.00 ±0.82
LVPWs	（mm）	19.3 ±2.41 * *	15.74 ±2.31 ▲▲	19.95 ±2.19	18.41 ±2.55
LVPWTI	（mm/ m² ）	3.65 ±0.34 * *	3.25 ±0.37	3.63 ±0.33 *	3.30 ±0.35
IVSTd	（mm）	8.68 ±0.67 *	8.12 ±0.74 ▲▲	8.58 ±0.51 *	8.12 ±0.74
IVSTs	（mm）	16.51 ±1.26 * * ▲	14.23 ±1.69 ▲▲	17.57 ±1.54	16.83 ±1.42
IVSTI	（mm/ m² ）	6.62 ±0.54 * * ▲	5.82 ±0.56 ▲▲	7.04 ±0.67 * *	3.34 ±0.33
EDV	（ml）	136.2 ±36.1 * * ▲	103.24 ±25.31	155.12 ±38.21 * *	110.24 ±28.41
EDVI	（ml/ m² ）	54.23 ±13.05 * ▲	41.92 ±9.41	61.83 ±14.16 * *	45.34 ±11.08
ESV	（ml）	41.21 ±19.21	32.84 ±7.84	40.95 ±19.19	29.32 ±10.46
ESVI	（ml/ m² ）	16.36 ±7.12	13.43 ±3.02	16.26 ±7.10	11.94 ±4.40
LVM	（g）	291.12 ±53.46 * *	221.64 ±40.23		
LVMI	（g/m² ）	116.29 ±18.45 * *	90.73 ±14.72		

* 拳击运动员与普通对照对照 * p < 0.05 * * p < 0.01，▲运动前、后自身对照 ▲ p < 0.05 ▲▲ p < 0.01。

表 3–9 青年组与成年组受试者的左心室形态结构

指　标		青年组	成年组	青年组	成年组
		n = 8 运动前	n = 11 运动前	n = 8 运动后	n = 11 运动后
LVIDd	(mm)	50.51 ± 2.62 * ▲▲	50.61 ± 4.75 * ▲▲	54.61 ± 1.77 * *	52.54 ± 4.87 *
LVIDs	(mm)	32.82 ± 3.81	33.72 ± 5.87	33.72 ± 4.71	32.32 ± 5.53
LVPWd	(mm)	9.52 ± 0.54 * * ●	8.82 ± 0.75 *	9.36 ± 0.52 * *	8.81 ± 0.63 *
LVPWs	(mm)	20.53 ± 1.20 * *	18.45 ± 2.73 * ▲	20.36 ± 1.30	19.64 ± 2.69
LVPWTI	(mm/m²)	3.87 ± 0.28 * * ●●	3.48 ± 0.27	3.83 ± 0.31 * * ●	3.49 ± 0.28
IVSTd	(mm)	8.88 ± 0.64 * *	8.55 ± 0.69	8.75 ± 0.46 * *	8.45 ± 0.52
IVSTs	(mm)	16.32 ± 1.04 * *	16.72 ± 1.42 * *	17.91 ± 1.67	17.51 ± 1.51
IVSTI	(mm/m²)	6.64 ± 0.63 * *	6.63 ± 0.49 * *	7.24 ± 0.61 * *	6.91 ± 0.71 * *
EDV	(ml)	143.22 ± 37.74 *	131.24 ± 36.14 * ▲▲	163.2 ± 19.74 * *	148.12 ± 47.51 *
EDVI	(ml/m²)	57.78 ± 13.47 *	51.65 ± 12.74 ▲	66.45 ± 5.94 * *	58.48 ± 17.53
ESV	(ml)	39.75 ± 13.97	42.18 ± 22.88	43.13 ± 17.19 *	39.36 ± 21.24
ESVI	(ml/m²)	16.23 ± 5.56	16.45 ± 8.31	17.46 ± 6.52 *	15.38 ± 7.68
LVM	(g)	295.32 ± 25.64 * *	288.03 ± 68.26 *		
LVMI	(g/m²)	120.43 ± 9.98 * *	113.28 ± 22.78 *		

*拳击运动员与普通对照对照 * $p < 0.05$ * * $p < 0.01$;▲运动前、后自身对照▲ $p < 0.05$ ▲▲ $p < 0.01$;●青年组与成年组对照● $p < 0.05$ ●● $p < 0.01$。

　　男子业余拳击运动员运动前与对照组相比较,在 LVIDd、EDV、EDVI、LVPWs、LVPWd、LVPWTI、IVSTs、IVSTd、IVSTI、LVM 和 LVMI 指标上均有组间的显著和非常显著性差异(p < 0.05、p < 0.01)。运动后与对照组比较,在 LVIDd、EDV、EDVI、LVPWd、LVPWI、IVSTd、IVSTI 和 IVSTI 指标上也均有显著和非常显著得组间差异(p < 0.05、p < 0.01)。

　　运动员组运动前后自身比较,在 LVIDd、EDV、EDVI、IVSTs 和 IVSTI 指标上均有非常显著和显著性差异(p < 0.01、p < 0.05)。

　　对照组运动前后自身比较,在 LVIDd、LVPWs、IVSTs、IVSTd 和 IVSTI 指标上均有显著和非常显著性差异(p < 0.05、p < 0.01)。

青年组运动前与对照组比较，在 LVIDd、EDV、EDVI、LVP-Ws、LVPWd、LVPWTI、IVSTs、IVSTd、IVSTI、LVM 和 LVMI 指标上均存在显著和非常显著性差异（$p < 0.05$、$p < 0.01$）。运动后与对照组比较，在 LVIDd、EDV、EDVI、LVPWd、LVPWTI、IVSTd 和 IVSTI 指标上均存在显著和非常显著性差异（$p < 0.05$、$p < 0.01$）。该组运动前后的自身比较，仅有 LVIDd 表现出非常显著性差异（$p < 0.01$）。

成年组运动前与对照组比较，在 LVIDd、EDV、LVPWs、LVPWd、IVSTs、IVSTI、LVM 和 LVMI 指标上均有显著和非常显著性差异（$p < 0.05$、$p < 0.01$）。运动后与对照组比较，在 LVIDd、EDV、LVPWd 和 IVSTI 指标上均存在显著和非常显著性差异（$p < 0.05$、$p < 0.01$）。该组运动前后的自身比较，在 LVIDd、EDV、EDVI 和 LVPWs 指标上存在非常显著和显著性差异（$p < 0.01$、$P < 0.05$）。

青年组与成年组运动前各指标比较，在 LVPWd 和 LVPWTI 上存在显著和非常显著的差异（$p < 0.05$、$p < 0.01$）；运动后二者比较，仅有 LVPWI 存在显著性差异（$P < 0.05$）。

（二）左心室的功能

各组调查对象左心室功能测量结果列于（表 3 - 10）和（表 3 - 11）之中。

男子业余拳击运动员运动前各功能指标与对照组相比较，仅 HR 有显著性差异（$P < 0.01$）。运动后的各功能指标与对照组相比较，在 HR、SV 和 SI 上存在显著和非常显著性差异（$P < 0.05$、$p < 0.01$）。运动员组运动前后自身比较，SV、SI、CO、HR、CI、$\triangle$IVST 和 FS 各指标均存在非常显著和显著性差异（$p < 0.01$、$P < 0.05$）。

表 3 - 10　运动组与对照组受试者的左心室功能

指　标		拳击运动员 n=19 运动前	普通对照组 n=10 运动前	拳击运动员 n=19 运动后	普通对照组 n=10 运动后
SV	（ml）	90.14±21.14▲▲	73.81±24.12	113.82±25.22**	84.32±22.52
SVI	（ml/m²）	36.06±8.15▲▲	30.21±9.52	45.63±9.98**	34.62±8.72
CO	（L）	6.27±1.59▲▲	5.97±2.03▲▲	14.23±3.87	11.63±3.57
CI	（L/m²）	2.51±0.64▲▲	2.44±0.82▲▲	5.71±1.58	4.75±1.38
HR	（b/min）	69.72±7.34**▲▲	80.82±7.96▲▲	124.35±14.91*	136.82±21.48
UMO	（L/100g）	53.02±9.03	50.72±3.93	52.04±7.87	55.31±7.65
EF	（%）	66.94±8.32	64.82±7.94	72.44±12.32	71.42±1.34
FS	（%）	33.21±8.25▲	31.24±6.24	39.21±13.25	35.24±8.24
△PWT	（%）	112.88±27.85	100.16±28.29▲	121.02±26.33	132.72±42.42
△IVST	（%）	91.27±19.91▲▲	77.23±32.13▲▲	105.56±21.24	109.66±32.41

*拳击运动员与普通对照对照*p<0.05**p<0.01。

▲运动前、后自身对照▲p<0.05▲▲p<0.01。

表 3 - 11　青年组与成年组受试者的左心室功能

指　标		拳击运动员 n=8 运动前	普通对照组 n=11 运动前	拳击运动员 n=8 运动后	普通对照组 n=11 运动后
SV	（ml）	91.51±19.31▲	89.09±23.81▲▲	120.42±19.03**	109.32±28.94*
SVI	（ml/m²）	37.24±7.05▲	35.23±9.10▲▲	49.04±7.54**	43.21±11.09
CO	（L）	6.69±1.30▲▲	5.96±1.77▲▲	16.45±2.90**●	12.61±3.77
CI	（L/m²）	2.72±0.47▲▲	2.35±0.72▲▲	6.70±1.15**●	4.99±1.48
HR	（b/min）	73.52±5.21*▲▲●	66.91±7.61**▲▲	136.52±5.43●●	114.91±12.79**
UMO	（L/100g）	54.33±10.36	52.07±8.33	55.32±8.02	49.66±7.19
EF	（%）	68.24±6.32▲	69.24±11.32	73.44±9.32	71.44±12.32
FS	（%）	34.21±7.25	33.21±8.25▲	37.41±9.25	39.81±15.25
△PWT	（%）	116.25±15.67	110.43±34.76	118.06±20.36	123.18±30.76
△IVST	（%）	83.85±16.06▲	96.67±21.38▲	103.21±21.28	107.23±22.08

*拳击运动员与普通对照对照*p<0.05**p<0.01；▲运动前、后自身对照▲p<0.05▲▲p<0.01；●青年组与成年组对照●p<0.05●●p<0.01。

　　对照组运动前后自身比较，CO、HR、CI、△IVST 和△PWT 各指标均有非常显著和显著性的差异（p<0.01 、P<0.05）。

第三章　心电图与左心室形态功能特点

55

青年组运动前与对照组相比较，除 HR（$p < 0.05$）外，其他指标均不存在统计学意义的差异（$p > 0.05$）；而运动后的 SV、SI、CO 和 CI 各指标均存在非常显著的差异（$p < 0.01$）。青年组运动前后自身比较，在 SV、SI、EF、$\triangle$IVST、CO、CI 和 HR 指标上均有显著和非常显著的差异（$P < 0.05$、$p < 0.01$）。

成年组运动前与对照组相比较，除 HR（$p < 0.01$）外，其他各指标均无统计学意义的差异（$p > 0.05$）；而运动后仅有 SV 和 HR 具有非常显著和显著性差异（$p < 0.01$、$P < 0.05$）。成年组运动前后自身比较，在 SV、SI、CO、CI、HR、FS 和 $\triangle$IVST 指标上均有非常显著和显著性的差异（$p < 0.01$、$P < 0.05$）。

青年组和成年组比较，运动后在 CO、CI 和 HR 指标上均有显著和非常显著性的差异（$P < 0.05$、$p < 0.01$）。

三、讨　论

运动性心脏是运动员适应激烈运动，心脏结构和功能自我改善的一种生理效应。运动性心脏肥大的发生不仅是由于血液动力学超负荷所至的细跑体积增大及相应结构改变的简单过程，而是在神经体液因素调解下，尤其是在心脏自身分泌或旁分泌机制调控下的一类结构、功能及代谢诸方面改变的心脏的重塑过程。

（一）左心室形态结构特点

健康运动员的心脏增大，有助于增加心室舒张末期的充盈量，提高心脏泵血功能；而心肌的肥厚则有助于增强心肌的收缩力，减少心室收缩末期的残余血量，促进心室的排空。运动员心脏形态的变化，是运动员技能水平提高的物质基础。经过一定时间系统训练的运动员，其心脏的形态结构如不发生项目特有的生物学变化，可能是其训练不足或身体机能不佳的表现。

运动员组在安静状态下和运动后心脏的形态结构各指标均高于对照组，两组间的比较多指标出现显著和非常显著性的差异（$p < 0.05$、p

<0.01；表 3 – 8、表 3 – 10）结果，支持国外学者和我国学者关于运动员心脏形态对于不同性质的运动训练有专一适应性的观点。

运动员组运动后各指标与对照组比较，在 LVPWD、LVPWTI、IVSTD 和 IVSTI 上存在非常显著和显著性的差异（P < 0.01、P < 0.05），而反映心脏收缩幅度的指标 LVPWs 和 IVSTs 不存在显著性差异（p > 0.05），以及该组运动前后自身比较在 LVPWs 和 LVPWTI 也无统计学差异（p > 0.05）与对照组运动前后自身比较在 LVPWs、IVSTs 和 IVSTI 指标上存在有非常显著性差异（p < 0.01）的结果，表明拳击运动员左心室后壁和室间隔的收缩能力明显强于普通人群；而拳击运动员运动前后左心室后壁收缩幅度无明显变化，运动后 LVPWs 和 IVSTs 与对照组相近的现象，反映经过系统训练，拳击运动员的心脏对运动出现良好适应，是他们在训练和比赛中承受大负荷高强度运动的生物学基础。Laplace 定律指出，"任何使心脏收缩加强或收缩时间延长的因数，均可使心肌的耗氧增加，而使心肌的储备力下降。"

一般认为，有训练的运动员在承受低、中强度负荷时，左心室 LVIDd 和 EDV 均随负荷的增加而增加；而一般人左心室 LVIDd 和 EDV 则随负荷的增加而缩小。显而易见，运动员组心脏在舒张时心室腔的明显扩大，使其心室舒张末期的充盈血量增加，而心脏收缩时室壁的增厚以及收缩末期左心室内径略低的现象，是运动训练使心脏收缩能力增强储血功能提高的形态学基础，在运动中提高 SV 过程中起重要作用。

Rost 认为运动员心脏形态结构的变化与运动持续时间长短有关。Kanakies 等认为"坚持每周 5 次，连续 10 周的大强度下肢负重训练就可引起左室壁厚度、左室心肌重量以及左室内径显著性增加"。本文调查对象的训练年限均在 10 周以上。青年组和成年组之间比较，青年组运动前除 ESV、LVIDs、LVIDd 和 IVSTs 与成年组相近外，其它各指标均略高于成年组，仅 LVPWd 和 LVPWTI 明显和非常明显地高于成年组；运动后的 LVPWTI 存在显著性差异（p < 0.05）；EDV 高于成年组 15.1ml，EDVI 高出 7.97ml $/m^2$，但无统计学意义（p > 0.05）的现象显然表明青年组运动员的心脏储血能力和泵血功能均要好于成年组。

青年组运动员开始参加拳击训练的年龄较早，平均为 14.97 岁，而成年组开始参加拳击训练的平均年龄为 15.77 岁。青年组和成年组运动员在心脏形态方面产生的差异，可能与开始系统参加拳击运动训练有关。拳击运动在我国恢复的时间较短，一些成年运动员是由其它项目改练拳击的，这可能是造成两组间差异的原因之一；这一现象是否与拳击运动员的选材有关，尚有待于进一步地研究。

（二）左心室功能的特征

运动员心脏肥大的程度与其交感神经支配相适应，运动心脏纤维的增长与其相适应的毛细血管的增长相适应；运动心肌细胞和亚细胞结构的重塑与其收缩过程相适应；运动心脏自身的神经—内分泌激素的产生、分泌于释放与其结构和功能的发生发展相适宜。这样，运动心脏的结构和功能的适应性重塑使其具有良好的功能储备，能胜任运动时功能代谢的需要。

在动力负荷过程中，运动员的心脏是通过逐级增加 LVIDd 和 EDV 并同时缩小 LVIDs 和 ESV 的双重机制来增加 SV 的。运动员组安静状态下心功能与对照组比较，除 HR（$p < 0.01$）外，其它指标均无显著性差异（$p > 0.05$）的结果表现拳击运动员在安静状态下的心脏功能节省化；对照组运动后 CO、CI 和 $\triangle$PWT 的升高，是由于运动后普通人群心率的升高幅度大所造成的必然结果，是增加心肌耗氧量，心脏功能不良的表现。这种功能的变化与前述形态的变化相一致。体现了拳击运动员由于运动项目的特点，心脏必须满足在没有任何过渡的情况下由高强度立即转为静止状态，其心脏在安静状态下的能量巨大储备和运动后泵血功能迅速提高的要求。

心脏的泵血功能是心脏最基本的功能。是心脏收缩舒张功能的总体反映。一般认为，在定量运动负荷状态下，运动员主要较多地通过增加左心室舒张末期的容积来增加每搏输出量，而不是依靠提高心率来增加心脏的泵血能力；正常人在运动负荷过程中主要是通过增加心率来提高其泵血能力以满足运动时机体代谢增强的需要。Glick 等人指出，在极量运动时，单纯的心率增加不能使心输出量增大，至足以满足外周组织需要的程度，除非每搏量也大量增加。在运动负荷中，反映心脏收缩性能的指标 EF、FS、△PWT、△IVST 均随着负荷强度的增加而增加。因此，运动员和对照组之间无无显著性差异（$p > 0.05$）。这一研究结果与多数学者的研究是一致的。

在青年组和成年组运动员之间，运动前后自身心功能的比较结果相一致。运动后青年组在 CO、CI 和 HR 显著和非常显著地高于成年组（$p < 0.05$、$p < 0.01$），说明青年组运动员心脏泵血功能优于成年组；而反映心脏收缩性能的指标 EF、FS、△PWT 和△IVST 低于或接近成年组，这是青年组运动员心脏在动力负荷中能量节省的表现。尽管运动前后青年组的 HR 均高于成年组（$p < 0.01$），但青年组的 CO 和 CI 的增加是由于 SV 的大幅度提高所至，而不是心率提高的结果。

四、小 结

● 拳击运动员运动前后左心室后壁收缩幅度无明显变化，运动后 LVPWs 和 IVSTs 与对照组相近的现象，是拳击运动员经过系统训练心脏功能良好对运动适应的表现，是适应大负荷高强度运动的生物学基础。

● 运动员组 CO 与 CI 的增加不是心率提高的结果，而是因 SV 大幅度增加的结果。青年组运动员的心脏的储血能力和泵血功能优于成年运动员组。

● 拳击运动员心脏对运动负荷的适应程度，可能与拳击运动员从事系统训练的初始年龄及拳击运动员在接受系统训练前的心脏初始状态有关。

主要参考文献

1. 林福美. 超声心动图检查. 中国运动医学杂志，1988.7（1）57～60

2. 鲁树坤 现代超声诊断学．湖南科学技术出版社，1996

3. Popp．R．L．M 型超生心动图估价左心室功能．国外医学（心血管分册），1983（1）：1～3

4. 曲绵域等主编．实用运动医学。北京科学技术出版社，1996

5. 刘静南．体育科技，1988（4）：13～15

6. Ashail L，Cardiac remodelling. Br Heart J. 1994；72：315～316

7. 常芸等．细胞内游离钙在运动心脏重朔中的作用．中国运动医学杂志，1998. 17（2）107～126

8. 常芸等．运动心脏的自身调节作用．体育科学，1998. 18（1）67～72

9. 常芸等．运动心脏内分泌功能可复性的研究．中国运动医学杂志，1999. 18（1）3～6

10. 陈文育．运动员心脏训练效应的研究．体育科学，1982.（1）58

11. 王建勋．肥厚心肌力学性能变化及其影响．国外医学生理·病理科学分册，1987；7（2）

12. 王安利．我国现代五项男运动员心脏形态及机能．北京体育学院学报，1993；16（4）54～61

13. Morganroth J．，et al. Comprarative left ventricular dimension in trained athletes. Ann. Int. Med. 1975. 82（4）521

14. 高云秋等．运动员超声心动图 200 例分析．中国运动医学杂志，1983（2）6

15. 北京医科大学病理生理教研组．研究生用心血管病理生理讲义，1985，9～11

16. 杜宏凯．UCG 运动负荷实验对优秀耐力运动员左室功能的评定，体育科学. 1976（1）33

17. R·Rost et al，Athlete's Heart，Int. J. Sports Med，1983；4：147

第四节　拳击运动员安静状态下的血浆心钠素

一、前　言

1986 年 Freund 首次对运动和血浆心钠素（Atrial Natriuretic Poly-peptide，ANP）浓度的关系进行研究，发现机体在急性运动后血浆 ANP 水平明显增高。这项研究初次揭示了运动可诱发心脏内分泌功能的改变。自此 ANP 与运动的关系在运动医学领域日益引起学者们的关注。ANP 是主要由心肌细胞分泌的肽类激素，又称心房肽和心房利钠多肽，可直接释放到血浆中，具有强大的利钠、利尿、舒张血管、抑制肾素 - 血管紧张素醛固酮系统（RAS）等作用，被视为 RAS 系统的安全阀。因此心脏不仅仅是循环系统的动力器官还具有内分泌功能，并且与心脏疾病的病理生理过程及运动心脏结构和功能重塑、心脏运动性疲劳和损伤有着密不可分的关系。

随着研究的逐步深入，人们发现运动可以引起 ANP 的基因转录、合成、分泌、释放等诸多方面的改变，但学者们的研究结果不尽相同，这可能是因为 ANP 的血浆水平与机体运动强度、运动持续时间、训练类型和负荷方式等方面关系密切。此外大多数的研究对象以动物为主，人体 ANP 随运动的变化情况是否与动物实验结果一致还有待证实。在为数不多的运动与人体 ANP 的研究中多以急性运动为处理因素来观察机体血浆 ANP 水平的改变情况，其结果亦不尽一致。

运动训练对人体 ANP 分泌的慢性影响的观察报道不多。不同运动项目的训练是否对血浆 ANP 水平产生不同的影响也少有报道。拳击运动是一项对抗性强的身体接触性竞技项目，对运动员的心脏功能有着较高的要求。女性无论在绝对运动能力、心泵功能等诸多方面均弱于男性，了解和探究系统训练会对女子拳击运动员心脏功能方面产生怎样的变化也就更具意义。目前国内外尚未见到有关系统拳击训练对女子运动员血浆 ANP 水平影响的相关报道。本研究通过测定该项目女子运动员安静状态下血浆 ANP 浓度并辅以心电图检查，探讨运动训练对女子拳击运动员心脏内分泌功能的影响作用，为客观评定运动员的心脏功能积累心脏内分泌学方面的资料。

二、对象与方法

（一）对象

1. 女子组

女子组由两所体育学院的 20 名女子拳击运动员组成。她们的平均专项训练年限为 2.41 ± 1.79 年。女子组中有 8 名运动员为二级和二级以上运动水平的运动员（表 3 – 12）。女子组运动员常年坚持系统训练，平均每周训练 5 天以上，平均周训练时间 ≥ 40 小时。

2. 男子组

男子组由 18 名省级拳击运动员组成，作为运动对照组。他们的平均专项训练年限为 4.14 ± 2.24 年。男子组中有 9 名运动员为二级和二级以上运动水平的运动员（表 3 – 12）。男子组运动员常年坚持系统运动训练，平均每周训练 5 天以上，平均周训练时间 ≥ 40 小时。

3. 对照组

随机选取大一和大二的 15 名本科女生组成对照组（表 3 – 12）。对照组受试对象每周按照教学计划进行体育课教学，平均周运动时间 ≤ 5 小时。

全部受试对象均身体健康、无不良嗜好、无心肺、内分泌等重大疾病史、无家族史，实验前一周均正常饮食。实验前、中及实验后 30 分钟内无不适主诉。受试者均自愿参加实验，实验前未服用任何药物。女子组与男子组及女子组与对照组之间无年龄显著性差异（P > 0.05）。

表 3 – 12　各组受试对象的一般情况

组　别	性别	人数	年龄（岁）	身高（厘米）	体重（千克）	专项训练年限（年）
女子组	女	20	19.32 ± 2.00	164.46 ± 7.23	58.80 ± 12.16	2.41 ± 1.79
男子组	男	18	18.68 ± 2.09	177.55 ± 8.54	73.02 ± 14.47	4.14 ± 2.24 **
对照组	女	15	20.12 ± 0.69	161.71 ± 4.31	52.72 ± 6.91	–

注: ** P < 0.01（女子组与男子组之间的比较）

（二）方　法

1. 血样采集与检测

比赛前一天清晨，运动员在安静空腹状态下于肘正中静脉取血 1 毫升，加入预置 20μl EDTA – Na2 和 10μl 抑肽酶的塑料无菌试管中，混匀、离心 15 分钟（3500 转/分），取分离出的血浆置于弹头试管中密封，－20oC 冷藏保存待检。对照组的 15 名女大学生亦在同一时间段进行血样的采集和测定。

一周后，在中国医科大学附属第一医院核医学科放射免疫实验室以放射免疫法完成样品中 ANP 含量的同批测定。放射免疫测定步骤严格按 ANP 测定的标准方法进行。

心钠素（ANP）放射免疫分析测定盒由北京北方生物技术研究所提供。测定盒批号为 030901，可测量范围：0.06～10ng/ml，灵敏度 < 0.05ng/ml，批内变异系数 CVw < 10%。

2. 心电图的采集

全部受试对象于同日清晨采血后，在空腹安静状态、卧姿下顺序采集 12 导联心电图。依临床诊断标准逐人进行心电图分析。

3. 主要仪器

ECG – 8110 P 心电图机（日本光电）。

GC – 1200 γ 放射免疫计数器（中佳光电）。

KDC – 2046 低温大容量离心机（中佳光电）。

（三）数据处理与统计分析

全部数据应用 SAS system 6.12 for windows 统计分析软件进行分析

处理，结果用平均数±标准差和百分数表示。

三、结　果

（一）各组实验对象安静状态下血浆 ANP 浓度

女子组的血浆 ANP 浓度明显高出对照组 17.19%（P < 0.05），两组血浆 ANP 浓度分别为 0.375 ± 0.068 ng/ml，0.320 ± 0.049 ng/ml，而女子组和男子组的血浆 ANP 浓度无显著性组间差异（表 3 – 13）。

表 3 – 13　受试对象安静状态下血浆 ANP 浓度

组　别	人数	ANP（ng/ml）
女子组	20	0.375 ± 0.068 *
男子组	18	0.378 ± 0.089
对照组	15	0.320 ± 0.049

注：* P < 0.05（女子组与对照组之间比较）

（二）心电图测试结果

1. 心　率

安静状态下，女子组的心率非常明显地低于对照组的心率（P < 0.01），心率分别为 55.0 ± 7.5 次/分和 67.5 ± 10.8 次/分。女子组和男子组安静状态下的心率无组间显著性差异（表 3 – 14）。

表 3 – 14　受试对象安静状态下心率

组　别	人数	心率（次/分）
女子组	20	55.0 ± 7.5 **
男子组	18	57.7 ± 10.4
对照组	15	67.5 ± 10.8

注：** P < 0.01（为女子组与对照组之间的比较）

2. 各组心电图测试结果

各组受试对象中均无病理性心电图表现。全部受试者中窦性心动过缓、窦性心律不齐、心室早复极发生率均较高。女子组中窦性心动过缓和心室早复极的发生率明显高于对照组；任何心电图表现女子组和男子组运动员均无显著性差异（表3-15）。

表3-15 异常心电图的分布

类 别	男子组		女子组		对照组		合计	
	例数	%	例数	%	例数	%	例数	%
窦性心动过缓	11	61.11	15	75	3**	20	29	54.72
窦性心律不齐	7	38.89	10	50	7	46.67	24	45.28
心室早复极	6	33.33	10	50	2*	13.33	18	33.96
电轴右偏	1	5.56	4	20	2	13.33	7	13.21
I度房室传导阻滞	0	0	5	25	0	0	5	9.43
左室高电压	3	16.67	0	0	0	0	3	5.66
非特异性心室内传导阻滞	1	5.56	0	0	0	0	1	1.89
不完全右束支传导阻滞	1	5.56	0	0	0	0	1	1.89
左前半传导阻滞	0	0	0	0	1	6.67	1	1.89
电轴左偏	0	0	0	0	1	6.67	1	1.89

注：**P<0.01，*P<0.05（女子组和对照组比较）

四、讨 论

拳击运动是力量、速度、耐力、柔韧、灵敏等素质全面发展的运动项目。它要求运动员要有强有力的击打力量，进攻和防守及脚步移动速度快，还要求有长时间的出手动作，所以拳击运动对有氧代谢、无氧代谢均有较高的要求。拳击运动的竞赛规则要求运动员在训练和比赛中频繁地无任何过渡的情况下由剧烈运动状态转变为静止状态，这既要求机体能够对剧烈变化做出快速的适应，同时也对运动员的心脏功能提出更高的要求。在剧烈运动状态向安静状态转化期间，运动肌肉的唧筒作用迅速减弱，静脉回心血量明显降低，所以在静止期间运动员既要满足重要脏器的血液供应，又要使心脏得到适当的休息；而在安静状态向剧烈运动状态转化期间，机体需氧量迅速增加，"肌肉泵"和"呼吸泵"的

作功骤增，静脉回心血量和心脏作功量也迅速增加，所以在剧烈运动期间心脏应快速地被动员以满足运动的需要。运动员在运动训练中，心脏会发生适应性变化，这一观点在众多学者中已达成共识，然而拳击训练会使运动员心脏方面发生怎样的适应性变化尚不得知。

ANP 主要参与机体水盐代谢和心血管系统的稳态调节过程。现已证实 ANP 在心肌组织中分布并不均匀，成年人 ANP 的基因表达主要在心房，而右心房的基因表达约为左心房的 1 倍，心室的基因表达约是心房 1/100。ANP 除了抑制 RAS 系统的功能外，对动脉、大血管以及对生命重要的器官和血管有着显著的选择性舒张作用；具有舒张肺动脉和支气管，增加肺表面活性物质，促进肺通气和肺换气功能；ANP 可降低冠状动脉阻力，增加冠状动脉血流量，增加缺血心肌的局部血流量和增加心内膜与心外膜的血流比值，这对于运动中心肌营养的改善有重要的作用；其强大的利钠、利尿（是速尿利尿作用的 5000 倍）作用可以加速体内的代谢废物（氨类、氮类、胆红素等）的排出，这对于维持运动机体的自稳态有着极为重要的意义；ANP 与其他的内分泌激素（儿茶酚胺、CGRP、ET、AngⅡ等）共同参与调节和控制心血管、水电解质平衡的网络系统及运动性心脏重塑过程。可见在应激状态下 ANP 的增加无疑是保护心脏、脑、肾等重要器官的血液供应及机体稳态调节的有效因素。健康人血浆 ANP 浓度已有报道，但差别极大，从 $8.4 \pm 3.7 \sim 508 \pm 62ng/l$ 不等。

（一）系统训练对拳击运动员安静状态下血浆 ANP 浓度的影响

有些学者报道运动员安静状态下血浆 ANP 浓度与对照组无显著性差异；或者训练不影响运动员安静状态下血浆 ANP 浓度；尚有学者发现运动员安静状态下血浆 ANP 浓度低于对照组的现象并认为与训练引起的心力储备增加有关。实验对象的运动专项、运动年限、运动水平的差异可能是上述研究结果不一致的主要原因。而本研究观察到女子组安静状态下血浆 ANP 浓度明显高于对照组（$P < 0.05$），与男子组无显著性差异的现象与赵学军等报道的散打运动员系统训练后血浆 ANP 浓度

明显增加的现象相一致，并且全部受试对象的血浆心钠素浓度均处于上述报道的中等偏上水平。

男性和女性运动员在诸多方面都存在明显的差异，这个观点已达成共识，如男性的肌力约是女性的 1.21 倍，男性无论在肺容量、循环血量、心脏容量、心脏重量等均强于女性，约为女性的 1.33 倍。由此可见心脏形态、心脏功能的性别差异是显而易见的，而隶属于心源性肽类激素的心钠素却并没有显示出同样的性别差异，并且女子组的专项训练年限尚明显低于男子组，可见拳击专项训练很可能是此现象的原因。

ANP 的分泌受到物理、体液和神经等多种因素的影响，目前认为容量负荷和心房肌张力的增加是最主要的刺激因素。在拳击运动过程中上述因素同时存在，另外拳击运动的竞技特点会使运动机体血流动力学、心房流体静力学压力等出现频繁的剧烈变化，这可能对运动机体 ANP 的合成、分泌、释放入血形成了更为有效的刺激，表现为系统训练后拳击运动员安静状态下血浆 ANP 浓度显著高于对照组（P < 0.05）。拳击运动中机体多系统的剧烈变化对于机体内环境的稳定是极为不利的因素，易造成心脏泵血功能的骤变和血液动力学过载及血液的湍流。在这种情况下，ANP 的增高则更具有其重要的生理意义，可以缓冲儿茶酚胺、ET、RAS 系统等神经体液因素造成的心率、血压、心输出量等变化和心肌供氧与需氧的不平衡状态，保护重要脏器必要的血液供应；减少运动期间血液高剪切力和紊流引起的心脏、血管内皮损伤及抑制血管内皮舒张因子（EDRF）的降低；参与运动性心脏重塑过程。因此女子拳击运动员尽管在绝对生理素质方面弱于男性，且参与本研究的女子运动员专项运动年限非常明显少于男子运动员，但通过系统的专项训练会出现与男性运动员同样效果的 ANP 适应性改变。

（二）不同等级的运动员安静状态下血浆 ANP 浓度的差异

本研究的结果支持血浆 ANP 浓度没有性别之间的差异的观点。有鉴于此，为了进一步探讨运动水平对机体血浆 ANP 浓度的影响作用，本研究按运动等级对全部参加实验的拳击运动员进行了重新分组，分为二级与二级以上的优秀运动员组（男子运动员9名，女子运动员8名，共计17名）和普通运动员组（男子运动员9名，女子运动员12名，共计21名），对其进行血浆 ANP 浓度的比较。结果表明，优秀运动员组的血浆 ANP 浓度明显高出普通运动员组 14.12%（P < 0.05，表3 - 16），并且优秀运动员组的专项运动年限非常显著地大于普通运动员组（P < 0.01，表3 - 16）。可见血浆 ANP 浓度不但在急性运动中呈现显著性增加的趋势，在系统训练后机体处于安静状态下也会表现出慢性适应性变化的结果——血浆 ANP 浓度增加，并且运动等级越高血浆心钠素增加的越明显。有理由认为，这种变化是机体对运动发生代偿性调节的结果，与机体良好的心脏功能和运动能力有关。

表3 - 16　不同等级运动员血浆 ANP 浓度

运动等级	人数	专项训练年限	ANP（ng/ml）
优秀运动员组	17	4.59 ± 2.33 **	0.404 ± 0.082 *
普通运动员	21	2.13 ± 1.25	0.354 ± 0.067

注：* P < 0.05，** P < 0.01（优秀运动员组与普通运动员组之间比较）

常芸等在动物实验中发现，适宜强度的运动训练在使大鼠血浆 ANP 浓度和心肌 ANP 表达增加的同时，心肌的超微结构也显示出良性的变化，如心肌组织中毛细血管数密度与心肌纤维比值增加；心肌细胞内游离钙可获得量增高；心肌线粒体内膜和嵴表面积增大；心脏重量和心脏重量指数增加等等。还有学者报道运动性疲劳会导致大鼠血浆 ANP 浓度的降低和心肌 ANP 表达下降，并伴有心肌超微结构损伤如心肌纤维断裂、毛细血管数密度下降、线粒体空泡化、心肌缺血缺氧性损伤。可见运动导致心脏结构与功能改变不仅仅是由于心脏过载所致的血液动力学改变，而是在心脏自身内分泌激素与循环内分泌激素的共同调解下发生发展的心脏重塑过程。由此我们可以推断，优秀运动员组安静状态下血浆心钠素呈现高浓度与其训练年限有必然的联系。因为运动员的运动水平越高，其训练年限一般也长，那么拳击专项运动对于心脏的这种内分泌的适应性重塑也就越充分，所以高水平运动员在安静状态下血浆心钠素的浓度便会显出明显增高。

ANP 是否可以作为此运动项目机体心脏适应状态的评价指标，以判断运动员的心脏功能和估价训练对心脏产生的适应效果，非常有进一步研究的价值。

（三）心钠素对心脏的负相调节功能

在本研究中两运动组均显示出明显的窦性心动过缓和对照组比较有非常显著性差异（P < 0.01）。可见运动训练会使运动员的安静心率降低，这与众多学者的发现一致——越是优秀的耐力性运动员安静时心率降低的也就越明显。运动员静息状态下窦性心动过缓是长期运动训练后最常见的生理变化，运动员安静时心率仅为普通人的 2/3 左右。学者们认为这种现象的发生有以下两个原因：

一般认为是长期训练引起交感神经张力下降和迷走神经张力提高的结果或者是由于运动使交感神经和迷走神经对窦房结的控制关系发生了变化。交感神经和迷走神经对窦房结作用比例约为 25：50，有报道经过训练可以使这种比例关系变为 15：45，即训练时迷走神经和交感神经的张力都有所下降，交感神经的张力下降更为明显，因此窦房结更易受到乙酰胆碱的影响从而使心率降低；还有人认为是训练增强了心肌收缩力的结果。

静息心率降低可以降低心肌耗氧量，改善心肌血液供应，心肌出现能量节省化，心肌的机能储备提高，并对运动性心脏肥大的发展有积极意义。

拳击运动员安静状态下血浆心钠素浓度明显高于对照组，安静状态下的心率又非常明显地低于对照组的现象，并非单纯神经张力改变的结果，本文认为心钠素本身具有的心血管负相调节作用也是存在此现象的重要原因。心钠素被认为是一种内源性的类钙通道的阻断剂和拮抗剂而发挥生物学效应。ANP 与靶器官受体结合后通过细胞内信息的传递使细胞内 cGMP 水平增高，进一步激活 G - 激酶（G - Kinase），G 激酶促进细胞膜上 Ca^{2+} 泵的转运，促进细胞内 Ca^{2+} 外流，抑制钙通道，减少内钙内流，抑制粗面内质网内 Ca^{2+} 流至细胞质，减少细胞内 Ca^{2+} 浓度，从而影响 Ca^{2+} 介导的生物学效应。心脏不仅是 ANP 的产生和释放部位，也是 ANP 作用的靶器官。ANP 对心血管的主要生物学作用是使冠状动脉扩张、血压下降、回心血量减少、心肌收缩力减弱、心率下降。可见 ANP 对心脏的作用无疑有益于减少剧烈运动中心肌的氧耗，延缓心脏运动性疲劳或损伤的发生。因此拳击运动员安静时机体心钠素的增加是其心率较低的重要原因之一。

拳击运动项目对运动员心血管机能要求极高的特点，表明只有具备良好的心力储备的运动员才能适应拳击运动项目剧烈变化的运动负荷要求。有报道证实，优秀的拳击运动员与普通人相比，各室腔没有明显的形态学差别，而左心室壁和室间隔的舒张末期和收缩末期的厚度显著增加。拳击的专项特点所决定的心脏对血液动力学超负荷形成的心脏结构和功能的适应性变化，会使运动员机体更多地通过 ANP 的负相调节机制来增加心力储备，以满足机体在剧烈运动中心脏作功频繁骤增的需要，降低机体在高强度运动时对心脏的病理生理性刺激。

拳击运动员安静心率无性别显著性差异的结果，说明系统训练会对不同性别的运动员安静时心率产生相同程度的作用效果，均可使心率储备明显增加。有报道拳击运动员运动初始心率即可快速增加，而运动结束时心率又可迅速恢复。可见运动前后心率的明显变化也证实了拳击运动员存在心率储备能力增高的现象，运动员运动时心率的快速动员和运动后的心率的快速恢复，使心脏调节功能更加完善。

女子组和对照组心脏内分泌激素 ANP 血浆浓度存在显著性的组间差异，以及心电图中显示出运动员的副交感神经兴奋性增高的现象如早期复极综合征、窦性心动过缓、窦性心率不齐等是机体在专项运动中更多地动用了稳态调节机制的结果，也证实了"运动性心脏"并非是简单的结构变化，而是内分泌、生化、超微结构综合变化的累积效应。本研究观察到在 53 名实验对象中仅有 3 名男性拳击运动员心电图显示出左室高电压的现象，与对照组无显著性差异。可见运动员的心电图在并未显示出心脏发生显著的可观测的改变时，ANP 的浓度已发生了明显的适应性变化，因此血浆 ANP 浓度是否可以作为判定心脏适应性变化的灵敏监测指标，非常有必要进行深入的研究。

五、小　结

●拳击运动员经过系统训练后安静状态下血浆 ANP 浓度明显高于对照组且无性别差异。尽管女性运动员在绝对生理素质方面弱于男性，但经过专项训练后会出现与男性运动员同样效果的 ANP 适应性改变。

●拳击专项训练后机体在安静状态下会表现出心钠素的慢性适应性变化——血浆 ANP 浓度增加，有运动水平越高血浆心钠素浓度水平越高的趋势。这种趋势可能与专项运动对心脏内分泌的适应性重塑时间有关。

●拳击项目的运动形式会促使运动员机体更多地通过 ANP 的负相调节机制来增加心力储备，以满足机体在剧烈运动中心脏作功的需要，降低高强度运动对心脏的病理生理性刺激。

●血浆 ANP 浓度是否可以作为心脏适应性变化的监测指标，非常有必要进行深入地研究。

主要参考文献

1. Freund BJ. Hormonal and vascular fluid responses to maximal exercise in trained and untrained males [J]. J Appl. Physiol. 1987, 663：669

2. 潘姗姗，张炎，陆爱云. 力竭运动大鼠心脏 ANP 表达的免疫组化研究 [J]. 解剖学杂志，2000，23（4）：309～312

3. 潘姗姗，张炎，陆爱云等. 力竭运动大鼠心肌 ANP 表达的变化 [J]. 体育科学，2000，20（3）：66～69

4. 潘姗姗，陆爱云，郑澜等. 慢性运动性疲劳状态下心脏 ANP 内分泌功能的

实验研究 [J]. 上海体育学院学报, 2001, 25 (4): 27~30

5. Birney MH, Denney DG. 心房肽: 一种有临床使用意义的激素国外医学 [J] (内分泌分册), 1991, 1: 27~29

6. 华明, 陶心铭, 李正义等. 提高人体运动生理基础 [M]. 人民体育出版社, 1990: 90

7. 涂军, 田石榴. 拳击训练中部分生物学指标及其应用. 沈阳体育学院学报, 2001 (4): 14~17

8. 邓树勋, 王健. 高级运动生理学-理论与应用 (第一版) [M]. 高等教育出版社, 2003: 101

9. 姚泰. 人体生理学下册 (第三版) [M]. 人民卫生出版社, 2001, 12: 1330

10. 汤健, 谢翠微. ANP-心脏分泌的一种循环激素 (第一版) [M]. 北京医科大学 中国协和医科大学联合出版社, 1989, 12: 16

11. L. H. 奥佩 著. 高天祥, 高天礼 译. 心脏生理学 (第三版) [M]. 科学出版社, 2001: 156

12. 钱学贤, 戴玉华, 孔华宇. 现代心血管病学 (第一版) [M]. 人民军医出版社, 1999: 51

13. 方秀斌. 神经肽与神经营养因子 (第一版) [M]. 北京: 人民卫生出版社, 2002, 11: 192~193

14. 李昭波. 运动性肥大心脏心肌和血浆降钙素基因相关肽含量变化 [J]. 中国运动医学杂志, 1999, 1 (0): 7~8

15. 李严冰, 左玉峰, 王丽. 少年运动员恒定符合条件下血浆血管紧张素Ⅱ和ANP的变化及相互关系 [J]. 山东体育科技, 1999, 2 (21): 29~31

16. 李严冰. 少年运动员递增负荷运动中血浆内皮素和ANP的变化 [J]. 山东体育科技, 2001, 4 (23): 33~35

17. 李严冰. 少年运动员恒定符合条件下血浆内皮素、ANP的变化 [J]. 中国运动医学杂志, 2000, 19 (3): 322~333

18. 侯晓辉, 葛新发, 詹实枝等. 赛艇运动员最大负荷运动后血浆ANP的变化及其与心血管功能的关系 [J]. 中国运动医学杂志, 2000, 2 (19): 198~200

19. 汤健, 唐朝枢. 心肺内分泌学 (第一版) [M]. 北京科学技术出版社,

1991，6：142

20. 侯晓辉，葛新发，詹实枝等. 不同训练水平赛艇运动员多级负荷中血浆 ANP 的变化 [J]. 武汉体育学报，1998，2：55~60

21. 刘柏，周峥，王小英等. 优秀耐力运动员中血浆 ANP 与心肌血液供应的关系 [J]. 北京体育大学学报，1994，3（17）：25~29

22. 刘柏，王小英，安江红等. 优秀耐力运动员逐级递增负荷运动中 ANP 与心血管功能的变化的研究 [J]. 体育科学，1994，5（14）：71~77

23. Bentzen H，Pedersen RS，Nyvad O et al. Influence of training habits on exercise – induced changed in plasma atrial and brain natriuretic peptide and urinary excretion of aquaporin – 2 in healthy man [J]. Scand J Clin Lab Invest 2002，62：541~552

24. Shoemaker，J. K.，H，J. Green，M. Ball – Burnett et al. Relationships between fluid and electrolyte hormones and plasma volume during exercise with training and detraining [J]. Med. Sci. Sports Exerc. 1998，4（30）：497~505

25. 王小燕. 运动对心脏内分泌功能的影响 [J]. 广州体育学院学报. 1997，4（17）：51~57

26. Bao Hugjiltu，Zhao Xuejun. Changes of plasma endothelin，calcitonin gene related peptide and atrial natyiuretic peptide concentrations of wushu free – sparring athletes [J]. 内蒙古师大学报 自然科学（汉文）版 2001，3（30）：263~269

27. 赵学军. 大强度训练对散打运动员心血管 ET、CGRP、ANP 水平的影响 [J]. 西安体育学院学报. 2003，4（20）：57~60

28. 李国盛. 女子体育卫生 [M]. 北京体育学院出版社. 1992，9：17

29. 杨锡让. 实用运动生理学（修订本 第二版）[M]. 北京. 北京体育大学出版社. 1998：126~131

30. 姚泰. 生理学（第五版）[M]. 北京. 人民卫生出版社. 2000：126~127

31. Shin Young Ryu. Suk – Ho Lee. Gerrit Isenberg，et al. Monitoring of ANP secretion from single atrial myocytes using densitometry [J]. Pflugers Arch – Eur J Physiol. 2002，444：568~577

32. 华琦等. 心脏结构、心内血流及心功能与循环 ANP、肾素 – 血管紧张素系统 [J]. 中华内科杂志. 1994，33（3）：165~167

33. Haruo O，Hideomi T，Haruki M et al. Effects of prolonged strenuous exercise on

plasma levels of atrial natriuretic peptide in healthy men ［J］．Am Heart J. 2001，141：751～8

34. J. M. Goodman，A. G. Logan，P. R. et al. Atrial Natriuretic Peptide during Acute and Prolonged Exercise in Well－trained Men ［J］．Int J Sports Med. 1993，4（14）：185～190

35. Haruo O，Hideomi T，Haruki M et al．Effects of prolonged strenuous exercise on plasma levels of atrial natriuretic peptide and brain natriuretic peptide in healthy men ［J］．Am Heart J．2001；141：751～8

36. 常芸，林福美，陈小同等．运动心脏重塑的发生与转归 ［J］．体育科学，2000，5（20）：46～50

37. 常芸，林福美，陈小同等．运动心脏结构可复性的研究 ［J］．中国运动医学杂志，1999，3（18）：202～207

38. 潘姗姗，郑澜，陆爱云等．健脾生血中药促进运动性疲劳消除对血浆 ANP 的影响 ［J］．体育科学，2001，4（21）：58～60

39. 潘姗姗，张炎，陆爱云．力竭运动对大鼠心房肌 ANP 致密颗粒的影响 ［J］．上海体育学院学报，2000，1（24）：38～40

40. 刘伟，温朝晖，马东晓．大运动量训练对心脏 ANP 基因表达影响的研究 ［J］．中国体育科技，2001，4（37）：15～17

41. 梅焰，毛宗珍，葛新发．不同运动负荷大鼠心肌超微结构变化的研究 ［J］．武汉体育学院学报，2003，2（37）：47～49

42. 郭继鸿．心电图学（第一版）［M］．人民卫生出版社，2002：137

43. 黄祁平，许方龙，于冬云．运动员心脏的生理特征 ［J］．北京体育大学学报，2003，2（26）：56～58

44. 冯连世，冯美云，冯炜权．优秀运动员身体机能评定方法 ［M］．人民体育出版社，2003：394

45. 丁华，王新坤，张奔．女子拳击运动员心电图分析 ［J］．沈阳体育学院学报～2000，2：38～40

46. M. S. Smith. R. Dyson. T. Hale J. H. Harrison. P. McManus．The effects in humans of rapid liss of bodymass on a boxin

第四章　自由基代谢与营养干预

第一节　短道、拳击和柔道运动员的红细胞 Na^+、K^+-ATP 酶与血浆抗氧化酶活性

一、前　言

Na^+，K^+-ATP 酶是细胞膜上重要离子通道蛋白。发现此酶至今近 40 年的时间里，人们对于 Na^+，K^+-ATP 酶的结构、功能及其调节机制等方面的研究都取得了较快的进展。Na^+，K^+-ATP 酶广泛存在于机体内多种细胞的细胞膜上，其中红细胞因其标本易于采集、准确性高、代表性强，因而被学者们广泛应用到 Na^+，K^+-ATP 酶的研究中。

随着研究的深入，运动对红细胞 Na^+，K^+-ATP 酶的影响也逐渐受到学者们的关注。目前，此方面的研究报道数量有限，且研究内容和结果也不尽相同。运动对红细胞 Na^+，K^+-ATP 酶活性影响的研究报道以动物为对象的实验研究居多，一般以一次性急性运动为试验因素，观察该类运动对实验动物 Na^+，K^+-ATP 酶活性的影响；或者采用"抗疲劳"药物干预急性运动，观察急性运动过程中药物对 Na^+，K^+-ATP 酶活性的影响。以人为实验对象的研究，集中在急性运动对 Na^+，K^+-ATP 酶活性的影响方面。文献报道运动后红细胞 Na^+，K^+-ATP 酶活性变化结果不尽相同。有研究表明，运动产生过多的自由基可以攻击到细胞膜，降低膜的流动性继而影响到细胞膜上的 Na^+，K^+-ATP 酶活性。

在运动对红细胞 Na^+，K^+-ATP 酶活性影响的研究中，报道运动员红细胞 Na^+，K^+-ATP 酶活性变化的研究不多，尚未见到以短道速

滑运动员为研究对象的报道。本文以了解和掌握比赛后短道速滑运动员红细胞 Na^+，K^+ – ATP 酶活性的基本特征为目的，探讨短道速滑运动员红细胞 Na^+，K^+ – ATP 酶与血浆抗氧化酶的活性状况，为该项目的持续高水平寻找理论依据。

二、实验对象与方法

（一）对象

1 实验组

实验组为参加九运会比赛的短道速度滑冰运动员 22 名，平均训练年限为 3.8 ± 1.4 年，其一般情况列于（表 4 – 1）。实验组运动员均身体健康，无不良嗜好。常年坚持系统的运动训练，平均每周训练 5 天以上，平均周训练时间 ≥40 小时。

2. 对照组

（1）普通对照组　随机选取 20 名健康学生组成普通对照组，其一般情况列于（表 4 – 1）。普通对照组受试对象每周按照教学计划进行 2 学时体育课教学，平均周运动时间 ≤5 小时。

（2）运动对照组　分别选取辽宁女子柔道队和国家拳击集训队的优秀运动员组成运动对照组，其一般情况列于（表 4 – 1）。运动对照组的运动员均身体健康，无不良嗜好，常年坚持系统的运动训练，平均每周训练 5 天以上，平均周训练时间 ≥40 小时。

表 4 – 1　受试对象的一般情况

组　别		人数	年龄（岁）	身高（厘米）	体重（千克）	训练年限（年）
实　验	男	13	17.8 ± 2.1	174.5 ± 2.1	64.8 ± 3.1	3.6 ± 1.1
	女	9	17.0 ± 2.6	163.3 ± 6.2	58.7 ± 6.3	4.1 ± 1.8
普通对照	男	10	19.1 ± 1.6	168.4 ± 4.3	61.3 ± 11.1	–
	女	10	18.9 ± 1.4	160.3 ± 6.2	56.9 ± 7.4	–
运动对照	男	10	25.3 ± 3.1	175.0 ± 7.7	72.0 ± 18.3	8.2 ± 3.2
	女	10	23.2 ± 1.3	166.1 ± 5.2	67.2 ± 13.4	8.3 ± 1.5

（二）方 法

1. 血样采集与处理

实验组运动员在参加九运会预赛和决赛后次日清晨采样，预赛时被淘汰的运动员第二次采样于休整 14 天后清晨，将该组运动员定义为休整组；普通对照组在正常学习日清晨采样。运动对照组均在正常训练日的清晨采样。

全部受试对象于安静空腹状态下，由前臂肘正中静脉取血 3 毫升，注入涂有肝素（15＋2.5U/ml 血液）的抗凝试管中冷藏保存待检。

2. 样品分析方法

红细胞 Na^+，K^+ – ATP 酶活性测定为定磷法（每小时每 10^{12} 个红细胞的 ATP 酶分解 ATP 产生 1 微摩尔无机磷的量为一个 ATP 酶活性单位，以 $\mu molPi/10^{12}RBC/h$ 表示）；还原型谷胱甘肽（GSH）测定为比色法；谷胱甘肽过氧化物酶（GSH – PX）活性测定为比色法；超过氧化物歧化酶（SOD）活性测定为黄嘌呤氧化酶法；丙二醛（MDA）测定为硫代巴比妥酸沉淀法。

3. 仪器与试剂

HC – 5710 全血细胞分析仪（美国丹能公司）。

7550 紫外 – 可见光分光光度计（中国上海）。

全血细胞分析仪用缓冲液（批号：7145）、稀释液（批号：2001.01005）、溶血剂（批号：7145）由美国丹能公司提供；Na^+，K^+ – ATP 酶活性测定试剂盒、GSH 浓度测定试剂盒、GSH – PX 活性测定试剂盒、SOD 活性测定试剂盒和 MDA 浓度测定试剂盒均由南京建成生物工程研究所提供。

（三）数据处理与统计分析

实验组分别以获得决赛资格与否和年龄为分组标志分别进行统计；实验组男女运动员组的数据根据参加预赛和决赛的实际人数按人次进行统计。

全部数据应用 SAS system 6.12 for windows 统计分析软件进行分析处理。

三、结　果

全部受试对象各指标检测结果列于（表4－2）。

表4－2　各组不同指标检测结果及比较

组　别		N	Na^+,K^+-ATP 酶活性($\mu molPi/$ $10^{12}RBC/h$)	GSH－PX (U/0.1ml 人血浆)	SOD (NU/ml)	GSH (mg/L)	MDA (nmol/ml)
实验组	男	21	223.4 ±159.4	157.9 ±76.4^{SS}	90.5 ±31.2^{*SS}	427.3 ±110.0^{SS}	8.0 ±5.4
	女	13	247.1 ±196.5	161.5 ±60.7^{SS}	117.4 ±28.5^{S}	431.6 ±97.0	4.8 ±3.6
	合计	34	232.4 ±172.0	159.3 ±69.8$^{##}$	100.8 ±32.6	428.9 ±103.7$^{##}$	6.8 ±5.0$^{#}$
决赛组		12	321.2 ±217.8*	199.1 ±33.3	111.7 ±30.6	490.9 ±35.7	3.9 ±2.1
淘汰组		10	142.9 ±94.7	206.5 ±50.2	109.6 ±32.6	501.7 ±71.6	2.8 ±1.3
休整组		10	298.5 ±246.3	47.5 ±16.3$^{##}$	91.72 ±12.4	459.0 ±56.7$^{##}$	5.6 ±2.2
成年组		11	346.2 ±213.1*	206.9 ±30.6	111.9 +32.5	491.4 ±29.7	4.1 ±2.2
青少年组		11	134.0 ±85.9	198.4 ±50.4	109.6 ±30.5	500.2 ±71.8	3.4 ±2.6
普通对照组	男	10	208.5 ±199.0	98.4 ±43.2	87.9 ±13.4	314.0 ±18.3*	4.6 ±2.0
	女	10	317.3 ±205.4	94.1 ±73.7	92.0 ±15.0	285.0 ±28.8	3.7 ±1.5
	合计	20	262.9 ±204.6	96.4 ±57.5	90.2 ±14.1	299.5 ±27.8	4.1 ±1.8
运动对照组	男	10	140.5 ±79.4	57.8 ±11.8	127.7 ±18.0*	305.2 ±91.7*	10.3 ±4.8**
	女	10	234.4 ±126.9	64.9 ±14.2	94.5 ±18.5	450.8 ±45.9	2.8 ±0.9

注：$^{*}P<0.05$，$^{**}P<0.01$（为组内比较）；

（一）实验组

女运动员的 SOD 活性平均为 117.4 ± 28.5NU/ml，明显高于同组男运动员（$P<0.05$），红细胞 Na^+，K^+-ATP 酶和血浆 GSH-PX 活性以及 GSH 和 MDA 浓度性别间无显著性差异（$P>0.05$）。决赛组的红细胞 Na^+，K^+-ATP 酶活性平均为 $321.2\pm217.8\mu$molPi/10^{12}RBC/h，明显高于淘汰组（$P<0.05$）。决赛组与淘汰组运动员血浆 GSH-PX 和 SOD 活性以及血浆 GSH 和 MDA 浓度无组间显著性差异（$P>0.05$）。成年组运动员的红细胞 Na^+，K^+-ATP 酶活性平均为 $346.2\pm213.1\mu$molPi/10^{12}RBC/h，明显高于青少年组运动员（$P<0.05$），两组间血浆 GSH-PX 和 SOD 活性以及 GSH 和 MDA 浓度无显著性差异（$P>0.05$）。

（二）对照组

普通对照组男生血浆 GSH 浓度平均为 314.0 ± 18.3 mg/L，明显高于女生（$P<0.05$，见表 4-2），普通对照组性别间的红细胞 Na^+，K^+-ATP 酶、血浆 SOD、GSH-PX 活性和 MDA 浓度无显著性差异（$P>0.05$）。

运动对照组女运动员的血浆 GSH 浓度平均为 450.8 ± 45.9mg/L，非常明显高于男运动员（$P<0.01$），男运动员血浆 SOD 活性和 MDA 浓度分别平均为 127.7 ± 18.0NU/ml 和 10.3 ± 4.8 nmol/ml，明显高于女运动员（$P<0.05$）。运动对照组男运动员的红细胞 Na^+，K^+-ATP 酶活性平均为 $140.5\pm79.4\mu$molPi/10^{12}RBC/h，有低于女运动员的趋势，但无显著性差异（$P>0.05$）。

（三）实验组与对照组的比较

1. 红细胞 Na^+，K^+-ATP 酶

实验组与普通对照组组间与同性别间、休整组与普通对照组组间的

红细胞 Na^+，K^+ – ATP 酶活性均无显著性差异（$P > 0.05$）。

2. GSH 的浓度

实验组和休整组血浆 GSH 的平均浓度分别为 428.9 ± 103.7 mg/L 和 459.0 ± 56.7 mg/L,均非常明显地高于普通对照组（$P < 0.01$）。实验组男运动员的血浆 GSH 的平均浓度非常明显地高于运动对照组男运动员和普通对照组男生（$P < 0.01$），实验组女运动员和运动对照组女运动员的血浆 GSH 的平均浓度均非常明显地高于普通对照组女生（$P < 0.0$）。

3. GSH – PX 与 SOD 的活性

实验组运动员血浆 GSH – PX 活性平均为 159.3 ± 69.8U/0.1ml 人血浆，非常明显地高于普通对照组（$P < 0.01$），普通对照组血浆 GSH – PX 活性非常明显地高于休整组运动员（$P < 0.01$）。

实验组男、女运动员血浆 GSH – PX 活性分别明显地高于同性别对照组（$P < 0.05$）。

实验组运动员血浆 SOD 活性平均为 100.8 ± 32.6NU/ml，与普通对照组和休整组间无显著性差异（$P > 0.05$）。运动对照组男运动员血浆 SOD 活性平均为 127.7 ± 18.0NU/ml，明显地高于实验组同性别运动员（$P < 0.05$）。

4. MDA 浓度

实验组运动员 MDA 浓度平均为 6.8 ± 5.0nmol/ml，明显高于普通对照组（$P < 0.05$）。

四、讨 论

短道速度滑冰运动是以身体素质、机能能力、技能水平、心理素质、智力能力等条件为基础，以战术运用为灵魂的体能类竞速性冰上运动项目。比赛成绩直接反映短道速滑运动员的综合运动能力。

（一）赛后短道速滑运动员红细胞 Na^+，K^+ – ATP 酶的活性

Na^+，K^+ – ATP 酶是丹麦 Aarhus 大学的 Jens C. Skou 在 1957 年发

现的重要离子通道蛋白。Na^+，K^+ – ATP 酶是利用 ATP 储存的能量将 Na^+、K^+ 离子分别泵出和泵入细胞，这种工作大约消耗体内合成 ATP 总量的三分之一。机体动用如此多的 ATP 用来保证 Na^+、K^+ 离子的膜内外转运，而离子在膜内外的这种穿梭运动是启动神经信号传导和其它生命过程的基本步骤。

实验组中决赛组运动员赛后的平均红细胞 Na^+，K^+ – ATP 酶活性为 $321.2 \pm 217.8 \mu molPi/10^{12} RBC/h$，明显高于淘汰组（$P < 0.05$）；成年组的平均红细胞 Na^+，K^+ – ATP 酶活性为 $346.2 \pm 213.1 \mu molPi/10^{12} RBC/h$，明显高于青少年组（$P > 0.05$）；男女运动员平均红细胞 Na^+，K^+ – ATP 酶活性分别为 223.4 ± 159.4 和 $247.1 \pm 196.5 \mu molPi/10^{12} RBC/h$，无性别间统计学差异（$P < 0.05$，见表 4 – 2）。

大量的研究表明，运动训练可以提高机体红细胞 Na^+，K^+ – ATP 酶活性，而运动和恢复过程中胆固醇大量的消耗会直接或通过乳酸产物的影响导致钠泵的减少。本文认为，决赛组运动员红细胞 Na^+，K^+ – ATP 酶的高活性是他们获得决赛资格的重要原因之一。红细胞膜 Na^+，K^+ – ATP 酶的功能和作用决定了其活性与细胞能量代谢有密切的关系。人成熟红细胞通过糖酵解产生能量，生成的 ATP 主要用于维持膜上 Na^+，K^+ – ATP 酶的工作。Na^+，K^+ – ATP 酶在水解 ATP，主动运输离子的同时又为糖酵解提供了必需的 ADP 与无机磷。因此红细胞 Na^+，K^+ – ATP 酶活性与糖酵解活性相互偶联，控制影响细胞的代谢速率，反映红细胞能量和物质代谢的状况。Na^+，K^+ – ATP 酶不对称地镶嵌在细胞膜内，当细胞膜发生较多的脂质过氧化反应时，膜的完整性和流动性遭到破坏，继发地引起 Na^+，K^+ – ATP 酶活性的下降。有报道认为，一次急性运动后，红细胞内 ATP 浓度下降 7%，膜上 Na^+，K^+ – ATP 酶就不能正常工作。显然，实验组中决赛组与淘汰组间红细胞 Na^+，K^+ – ATP 酶活性存在的差异，说明两者间存在细胞代谢速率或者能量代谢的差异。竞赛中运动员的细胞代谢速率下降，不能保证机体在高强度运动中细胞跨膜离子浓度梯度和能量供给，其结果必然是被淘

第四章　自由基代谢与营养干预

81

汰出局。

实验组中，成年组与青少年组运动员红细胞 Na^+，K^+ – ATP 酶活性存在差异的现象，似乎与运动员比赛期间红细胞 Na^+，K^+ – ATP 酶活性保持高水平的能力和系统训练的年限不同有关。曾有报道，以健康大学生为受试对象进行为期六周的训练，其运动后红细胞 Na^+，K^+ – ATP 酶活性在第 6 周末才有明显的提高，而前三周的训练并没有能够引起该酶活性在运动后出现明显变化。有理由认为，运动后红细胞 Na^+，K^+ – ATP 酶活性保持高水平的能力是竞技水平提高的一种外在表现，这种能力有在长期系统高质量训练才能获得的倾向。今后，有必要在这个方面进行深入的研究和探讨。

实验组中的各组与普通对照组和运动对照组相比较的结果均表明，实验组运动员赛后的平均红细胞 Na^+，K^+ – ATP 酶活性与各对照组无明显差异（$P > 0.05$，见表 4 – 2）。

文献报道运动后不同人群红细胞 Na^+，K^+ – ATP 酶的活性变化不尽相同。有学者对一级和二级青少年田径运动员进行测试，其结果表明红细胞 Na^+，K^+ – ATP 酶活性在次极限强度运动后显著提高，大约为安静时的 1.5 倍，据此，该作者认为，红细胞 Na^+，K^+ – ATP 酶活性在运动中增高反映着机体的物质能量代谢水平提高。另有学者研究发现，急性运动可使正常人红细胞的 Na^+，K^+ – ATP 酶活性升高；肥胖者经 12 周中等强度跑台训练，红细胞 Na^+，K^+ – ATP 酶活性也可显著升高。K. R. Shanmu 等人报道，通过连续监测力竭运动过程中优秀自行车运动员红细胞 Na^+，K^+ – ATP 酶活性变化，发现在运动期间 Na^+，K^+ – ATP 酶的活性平均以大约 20% 的速率逐渐下降直至力竭，在恢复 60 分钟后，Na^+，K^+ – ATP 酶活性虽有上升，但未能恢复到运动前的安静水平。也曾有报道，在普通大学生中连续进行 6 周中等强度运动，无论在训练前、训练 3 周还是训练 6 周，受试者红细胞 Na^+，K^+ – ATP 酶活性始终是训练后明显或非常明显地低于训练前（$P < 0.05$，$P < 0.01$）。

本文所观察的实验组受试对象是进行系统训练的短道速滑运动员。

就运动训练本身的特点而言，实验组与运动对照组具有运动的同质性，因此，两组受试对象红细胞 Na^+，K^+ – ATP 酶的平均活性相同；实验组与普通对照组不具有运动训练的同质性，而两组受试对象红细胞 Na^+，K^+ – ATP 酶的平均活性相同，可能提示系统运动训练提高的不是该酶的绝对活性，而是红细胞 Na^+，K^+ – ATP 酶活性在激烈代谢中持续有效的能力。系统的运动训练是一个循序渐进的长期过程，就其本质而言，是在特定身体姿势运动状态下提高机体的代谢能力。本文对淘汰组暨休整组在赛后积极性休息 2 周后进行了同样的测试表明，赛后经休整，该组运动员的红细胞 Na^+，K^+ – ATP 酶活性由 142.9 ± 94.7 恢复到 $298.5 \pm 246.3 \mu molPi/10^{12} RBC/h$，与实验组中其它组运动员赛后的红细胞 Na^+，K^+ – ATP 酶活性相近。本文观察到的这个现象表明，比赛或剧烈运动确实可以使普通人或竞技水平较差的运动员红细胞 Na^+，K^+ – ATP 酶的活性短期下降。但这种下降只表明他们没有经过系统训练或训练水平不高，在运动中保持该酶持续有效活性的能力较差。这个观点是否是文献报道运动后不同人群红细胞 Na^+，K^+ – ATP 酶的活性变化不尽相同的重要原因，有待于进一步的探讨。

（二）赛后短道速滑运动员的抗氧化酶活性

实验组中，仅有 SOD 一项指标是女性明显高于男性，具有性别间差异（$P < 0.05$），其他指标间无明显的性别差异（$P > 0.05$）；普通对照组中，男性的 GSH 明显高于女性（$P < 0.05$）；运动实验组中，SOD 活性和 MDA 浓度均是男性非常明显和明显地高于女性（$P < 0.01$，$P < 0.05$，表 4 – 2）。

本文认为，不同组别性别间抗氧化酶活性与相关物质浓度存在差异的不一致性具有不同的意义。实验组比赛后男性 SOD 活性明显低于女性，主要受男性血浆中高 MDA 浓度的影响；普通对照组男性 GSH 浓度明显高于女性，与生理状态下男性 GSH 浓度高于女性的一般规律相一致；运动对照组男性 SOD 活性和 MDA 浓度高于同组女性的原因比较复杂，这种现象可能与该组总体 GSH – PX 活性太低，男性血浆中高 MDA

浓度使 SOD 活性代偿性增高有关。

SOD 是对抗需氧生物体内底物为氧的自由基的唯一酶，该酶对底物显示绝对专一性，其作用是歧化超氧阴离子自由基（O_2^-）生成过氧化氢（H_2O_2），而 H_2O_2 与 O_2^- 反应又能生成活性很强的羟自由基；而 GSH－PX 作为一种含硒酶，它可以催化 H_2O_2 与 GSH 反应，生成氧化型谷胱甘肽，从而分解 H_2O_2，防止产生毒性很强的羟自由基。SOD 能有效地清除氧自由基从而减少机体组织中的脂质过氧化反应，稳定细胞膜。SOD 活性是反映细胞膜功能的重要指标之一。同时，机体内 SOD 活性与脂质过氧化反应产生的分解产物浓度之间的比例，反映机体抗氧化反应的能力。

实验组中，男运动员比赛后的平均 GSH－PX 活性和 GSH 浓度分别为 157.9 ± 76.4 U/0.1ml 人血浆和 427.3 ± 110.0 mg/L，非常明显地高于运动对照组同性别运动员，该组男运动员的 SOD 活性为 90.5 ± 31.2 NU/ml，非常明显地低于运动对照组同性别运动员（$P < 0.01$）；女运动员比赛后的平均 GSH－PX 和 SOD 活性分别为 161.5 ± 60.7 U/0.1ml 人血浆和 117.4 ± 28.5 NU/ml，也非常明显和明显地高于运动对照组同性别运动员。这个结果充分显示了我国具有较高竞技水平的短道速度滑冰运动员体内具有相当高的抗氧化水平与能力，同时也提示，运动对照组运动员的硒营养可能存在问题。拳击运动员硒营养状况因训练和比赛中出汗量大而处于较低水平的报道支持本文上述观点。GSH－PX 活性的低水平也反映运动对照组柔道运动员也同样存在硒营养低下的问题，有必要对与拳击运动具有近似项目特点的柔道项目运动员硒营养作进一步的专题研究。运动对照组中性别间 MDA 浓度的差异似乎与其间的竞技水平差异有关，有关问题将另行研究，在此不再赘述。

将受试对象合并后，实验组的平均 GSH－PX 活性非常明显地高于普通对照组（$P < 0.01$），GSH 和 MDA 的平均浓度也是实验组非常明显和明显地高于普通对照组（$P < 0.01$，$P < 0.05$）。这个结果进一步地证明，实验组赛后体内自由基代谢比普通人旺盛，体内主要抗氧化酶

GSH – PX 的活性水平与自由基代谢旺盛相适应，处于较高的活性水平。实验组的这种体内高抗氧化水平和能力可能就是该项目具有持续世界高水平的生物学基础。有必要在这方面进行全面深入的专题研究。

休整组是在预赛中被淘汰的运动员，经 2 周休整后，其 GSH 浓度仍非常明显地高于普通对照组，但 GSH – PX 的活性却急剧下降，非常明显地低于普通对照组（P < 0.01）。此阶段，该组运动员留守在运动队驻地做积极性休息，并没有进行常规训练。显然，GSH – PX 活性的降低与运动无关。经进一步的调查表明，此阶段该组运动员日常生活最明显的变化是营养标准降低。这个现象进一步地表明，运动员群体GSH – PX 活性在相当大的程度上受营养因素调控，应引起重视。

（三）预赛与决赛对红细胞 Na$^+$，K$^+$ – ATP 酶和血浆抗氧化酶活性的影响

为了进一步认识比赛对实验组运动员红细胞 Na$^+$，K$^+$ – ATP 酶和血浆抗氧化酶活性的影响，本文将实验组中决赛组 12 名运动员的数据按预赛和决赛时序进行了自身对照的统计分析，结果列于（表 4 – 3）。

表 4 – 3　不同比赛阶段各指标测试结果及其比较

组　别	Na$^+$,K$^+$ – ATP 酶活性(μmolPi/10^{12}RBC/h)	GSH – PX (U/0.1ml 人血浆)	SOD (NU/ml)	GSH (mg/L)	MDA (nmol/ml)
预赛	321.2 ± 217.8	199.1 ± 33.3 * *	111.7 ± 30.6 *	490.9 ± 35.7 * *	3.9 ± 2.1 * *
决赛	218.3 ± 133.8	77.4 ± 26.7	80.3 ± 27.9	300.9 ± 34.8	11.0 ± 4.1

注：* P < 0.05　* * P < 0.01

为了备战第 19 届冬季奥运会，九运会短道速滑的预赛和决赛仅相隔 5 周。决赛时该组运动员的红细胞 Na$^+$，K$^+$ – ATP 酶活性与预赛相同，无明显变化（P > 0.05），其他抗氧化指标均显具有非常明显和明显的统计学差异（P < 0.01，P < 0.05）。显然，决赛时决赛组运动员体内自由基代谢更加强烈。这种强烈直接源自于短道速滑比赛强度一轮高

于一轮的竞赛特点。纵观决赛组决赛后各指标的变化情况，不难理解前述短道速滑运动员具有体内高抗氧化水平和能力的观点。决赛后，运动员 GSH－PX 与 SOD 活性以及 GSH 浓度非常明显和明显地降低（$P <$ 0.01，$P < 0.05$），有效地抵御了 MDA 浓度非常明显地升高，保证了在激烈比赛中机体细胞膜通道酶正常发挥功能，实现了激烈比赛中能量的充分供给这一训练的终极目标。

五、小 结

• 决赛组短道速滑运动员红细胞 Na^+，K^+－ATP 酶的高活性，保证了他们在竞赛中细胞代谢的速率和细胞跨膜离子的转运以及能量供给，这是该群体获得决赛资格的重要生物学原因之一。

• 成年组与青年组短道速滑运动员红细胞 Na^+，K^+－ATP 酶活性存在差异的现象，可能与运动员比赛期间持续保持红细胞 Na^+，K^+－ATP 酶活性高水平的能力不同有关。运动后红细胞 Na^+，K^+－ATP 酶活性保持高水平的能力是竞技水平提高的一种外在表现，这种能力有在长期系统高质量训练才能获得的倾向。

• 短道速滑运动员比赛后红细胞 Na^+，K^+－ATP 酶活性与对照组相同的现象，进一步提示，系统的运动训练可能提高的不是该酶的绝对活性，而是保持该酶在激烈代谢中持续有效的能力。

• 短道速滑运动赛后体内自由基代谢比普通人旺盛，体内主要抗氧化酶 GSH－PX 的活性水平与自由基代谢旺盛相适应，处于较高的活性水平。这种体内高抗氧化水平和能力可能就是该项目持续保持世界高水平的生物学基础。

• 本文对运动对照组抗氧化指标的观察结果提示，有必要对拳击和柔道项目运动员的硒营养状况作进一步的专题调查研究。

主要参考文献

1. Ewart, H. Stephen, and Amira Klip, Hormonal regulation of the Na^+，K^+－

ATPase：mechanisms underlying rapid and sustained changes in pump activity. Am J Physiol. 1995，269（38）：C295 ~ c311

2. 谢静平，Na$^+$，K$^+$ – ATPase 研究概况．生物化学与生物物理进展，1989，16（3）：256 ~ 260

3. Torben Clausen, Clinical and therapeutic significance of the Na$^+$, K$^+$ pump. Clinical Science. 1998，95：3 ~ 17

4. 潘明政，郭赛珊，梁晓春等．NIDDM 患者红细胞 Na$^+$，K$^+$ – ATP 酶、Ca^{2+}，Mg^{2+} – ATP 酶活性与全血粘度等关系的研究．医学研究通讯，1998，27（6）：22 ~ 25

5. 李磊，冯美云，张缨等．抗疲劳中药和跑台训练对大鼠红细胞抗氧化酶和 Na$^+$，K$^+$ – ATP 酶活性影响．北京体育大学学报，2000，23（3）：326 ~ 329

6. 血液实验学．李家增，王鸿利，韩忠朝 编．上海：上海科学技术出版社，1997，10

7. 自由基医学研究方法．庞战军，周玫，陈瑗 编．人民卫生出版社，2000，6

8. 唐琴华，徐晓琴．血浆谷胱甘肽过氧化物酶比色测定法［J］．临床检验杂志，1993，17

9. 季健平，吴再彬．超氧化物歧化酶超微量快速测定法．南京铁道医学院学报，1991，10（4）．27 ~ 29

10. 齐凤菊，周玫，陈瑗等．血浆丙二醛的测定方法 – 改良的八木国夫法．第一军医大学学报，1987，7（3 ~ 4）．188 ~ 190

11. 现代医学实验方法．王谦 主编．北京：人民卫生出版，1997，8

12. 冰雪运动．体育院校通用教材．王石安 主编．北京：人民体育出版社，2001，1

13. 王恩多．ATP 合成酶和 Na$^+$，K$^+$ – ATP 酶．科学（双月刊），1997，50（1）

14. 生理学（第五版）．全国高等医药院校教材．姚泰 主编．人民卫生出版，2000，12

15. 辛东，李晖，陈家绮等．运动与红细胞膜．天津体育学院学报，1996，4

16. K. R. SHANMUGASUNDARAM, C. PADMACATHI, SUJATHA ACHARYA, et al. Exercise – induced cholesterol depletion and Na$^+$，K$^+$ – ATPase activities in human

red cell membrane. Experimental Physiology. 1992, 77, 933 ~ 936

17. 孙湄，高庆生. 运动对人体红细胞膜影响的研究 – Na$^+$ K$^+$ ATP 酶活性在运动中的变化. 中国运动医学杂志，1987, 6（3）138 ~ 141

18. 马玉龙，吴毅文，朱舜丽. 推拿疗法对颈椎病、腰椎间盘突出症患者红细胞膜 Na$^+$，K$^+$ – ATP 酶的影响. 中国运动医学杂志，1996, 15（3）197 ~ 199

19. 吴小春，廖立生. 自由基与 Na$^+$，K$^+$ – ATP 酶的损伤. 国外医学临床生物化学与检验学分册，1991, 12（2）

20. 吴玲，陈吉棣，程伯基. 运动与生物膜结构和功能关系的研究进展. 中国运动医学杂志，1995, 14（3）：152 ~ 155

21. 于基国，车保仁. 运动和运动训练对红细胞的影响. 烟台师范学院学报（自然科学版），1996, 12（2）：138 ~ 141

22. 黄美光，刘化林. 运动对肥胖者血浆心钠素含量和红细胞膜，钠，钾，ATP 酶活性影响的研究. 中国运动医学杂志，1990, 9（2）：79 ~ 82

23. Flagg EW, Coates RJ, Jones DP, Plasma total glutathione in humans and its association with demographic and health – related factors . Br J Nutr；1993, 70：797 ~ 808

24. 方允中，李文杰主编. 自由基与酶：基础理论及其在生物学和医学中的应用. 北京：科学出版社，1989, 3

25. Gao WciWei. Selenium Nutrition in Elite Amateur Boxer. 运动、营养与健康和慢性病国际会议，2000, 6

第二节　不同剂量牛磺酸对拳击运动员红细胞 ATP 酶活性的影响

一、前　言

牛磺酸是细胞内的一种含量很高的游离氨基酸，因 1827 年首次从牛胆汁中分离出来而得名。近十多年来，国内外的学者对牛磺酸进行了广泛深入的研究。结果表明牛磺酸是人类的一种条件必需氨基酸，是良好的抗氧化剂。大量研究证明，牛磺酸作为运动营养补剂，可以直接发挥其抗氧化作用，也可通过提高体内抗氧化酶系统的活性来增强机体的抗氧化能力。牛磺酸的抗氧化作用是其抗运动性疲劳，提高机体运动能力的主要机制之一。牛磺酸能有效调节多种原因所致的 Ca^{2+} 稳态失调，是一种良好的内源性 Ca^{2+} 稳态调节剂。运动性疲劳时出现的脂质过氧化、Ca^{2+} 稳态失调、能量代谢紊乱以及生物膜损伤之间具有紧密的联系，而牛磺酸对上述诸过程均有良好作用。

有关牛磺酸的研究多集中于动物实验，人体实验偶有报道，以运动员为研究对象更为少见，尚未见到有关运动员补充牛磺酸适宜剂量的研究报道。本研究通过观察男子拳击运动员补充不同剂量牛磺酸对运动引发自由基过程的影响，探讨控制运动过程中脂质过氧化反应的牛磺酸适宜剂量，为提高该项目运动员机体的抗氧化能力提供依据。

二、对象与方法

（一）对　象

实验对象为 23 名男子拳击运动员，按照完全随机的原则将运动员分为甲、乙、丙、丁四个区组，各组实验对象的各项指标间均无显著性差异（表 4 - 4，P > 0.05）。

全部受试运动员均身体健康，无不良嗜好，常年坚持系统的运动训练，平均每周训练 5 天以上，平均周训练时间≥40 小时。

（二）方　法

依照 4×4 拉丁方设计对四个区组运动员进行不同剂量牛磺酸补充。四个剂量水平牛磺酸分别为 A：400mg、B：800mg、C：1200mg、D：1600mg。第一周期甲、乙、丙、丁四个区组每天分别服用 C、B、A、D 四个剂量，第二周期各区组每天分别服用 D、C、B、A 四个剂量，第三周期各区组每天分别服用 A、D、C、B 四个剂量，第四周期各区组每天分别服用 B、A、D、C 四个剂量。实验周期为三天，牛磺酸半衰期仅为 15 分钟，12 小时后血药浓度几乎为 0，因此各实验周期间无间隔，四个周期共计12天。运动员于早、晚饭前口服牛磺酸。

表4－4　实验对象一般情况

组别	人数	年龄（岁）	身高（厘米）	体重（千克）	专项训练年限（年）
甲组	5	20.42 ± 2.74	177.62 ± 6.05	70.20 ± 16.61	6.00 ± 2.12
乙组	6	20.24 ± 2.86	180.10 ± 7.76	69.56 ± 6.06	5.75 ± 2.72
丙组	6	19.37 ± 2.91	173.55 ± 12.06	67.57 ± 14.98	6.00 ± 2.00
丁组	6	20.58 ± 1.92	175.82 ± 7.68	69.72 ± 9.72	6.17 ± 2.64

拳击与速度滑冰训练监控

1. 血样采集与处理

每个实验周期结束的第二天清晨对四组运动员采样。全部实验对象于安静空腹状态下，取无名指血 10 微升进行红细胞膜 ATP 酶活性测定，另取 20 微升指血进行血红蛋白测定，上述指标的测试均在采样后即刻进行。

2. 指标与测试方法

红细胞总 ATP 酶、$Ca^{2+} - Mg^{2+} - ATP$ 酶及 $Na^+ - K^+ - ATP$ 酶活性测定为定磷法（以每小时每克血红蛋白相当的红细胞中 ATP 酶分解 ATP 产生 $1\mu mol$ 无机磷的量为一个 ATP 酶活性单位，以 $\mu molPi/gHb/hour$ 表示）；血红蛋白测定为氰化高铁法。

3. 仪器与试剂

（1）主要仪器

HC 5710 全血细胞分析仪（美国丹能公司）。

6010 紫外可见分光光度计（上海安捷伦分析）。

（2）主要试剂

全血细胞分析仪用缓冲液（批号：20040430）、稀释液（批号：20040510）、溶血素（批号：030424）由北京富利泰医学科技有限公司提供；ATP 酶活性测定试剂盒由南京建成生物工程研究所提供（批号：20040729）；牛磺酸由江苏省常熟市金城化工厂提供（纯度≥99.5），剂型为片剂，每片含牛磺酸 200mg。

90

（三）数据处理与统计分析

全部数据应用 SAS 6. 12 统计分析软件进行方差分析，结果用平均数 ± 标准差表示。

三、结　果

（一）补充不同剂量牛磺酸后红细胞 ATP 酶活性

不同剂量水平、不同实验周期运动员指标测定结果列于（表 4 – 5）。C 和 D 剂量组的 ATP 酶活性均显著高于 A 和 B 剂量组（P < 0.05），A、B 剂量组间无显著性差异，C、D 剂量组间亦无显著性差异。

表 4 – 5　补充不同剂量牛磺酸红细胞 ATP 酶的活性

（μmolPi/gHb/hour）

剂量组	人数	总 ATP 酶活性	$Ca^{2+} - Mg^{2+} -$ ATP 酶活性	$Na^+ - K^+ -$ ATP 酶活性
A	23	182. 86 ± 32. 67	114. 69 ± 28. 73	65. 56 ± 15. 79
B	23	211. 08 ± 42. 38	128. 16 ± 37. 81	77. 72 ± 18. 13
C	23	283. 83 ± 50. 45	174. 48 ± 43. 33	115. 82 ± 41. 12
D	23	305. 83 ± 78. 52	192. 94 ± 74. 20	102. 52 ± 25. 21

1. 总 ATP 酶活性和 $Ca^{2+} - Mg^{2+} - ATP$ 酶活性

总 ATP 酶活性和 $Ca^{2+} - Mg^{2+} - ATP$ 酶活性随此四种牛磺酸剂量的增加而升高。A 和 B 剂量组间无显著性差异，C 和 D 剂量组间亦无显著性差异。但 C 和 D 剂量组总 ATP 酶活性和 $Ca^{2+} - Mg^{2+} - ATP$ 酶活性显著高于 A 和 B 剂量组（P < 0.05，见表 4 – 5）。

2. $Na^+ - K^+ - ATP$ 酶活性

C 剂量组的 $Na^+ - K^+ - ATP$ 酶活性最高，与 A 和 B 剂量组比较均有显著性差异（P < 0.05，表 4 – 5）；并且比 D 剂量组高出 12.97%，但无显著性差异。

A 和 B 剂量组间的酶活性无显著性差异，D 剂量组的酶活性显著高于 A 和 B 剂量组（P<0.05，表 4–5）。

（二）不同实验周期红细胞 ATP 酶的活性

不同实验周期、不同剂量水平的 ATP 酶活性测定结果列于（表 4–6）。ATP 酶活性在四个周期间不具显著性差异（P>0.05）。

表 4–6 不同实验周期红细胞 ATP 酶的活性（μmolPi/gHb/hour）

周期	人数	总 ATP 酶	$Ca^{2+}-Mg^{2+}-ATP$ 酶	Na^+-K^+-ATP 酶
一	23	247.91±102.51	157.34±85.72	90.92±42.56
二	23	228.70±62.49	133.75±46.37	84.35±33.27
三	23	252.38±61.59	162.81±44.01	91.09±27.63
四	23	254.62±60.10	156.36±44.88	95.25±28.31

（三）不同等级运动员补充不同剂量牛磺酸红细胞 ATP 酶的活性

本研究以运动成绩为标志对参加实验的拳击运动员进行了重新分组，优秀运动员组 11 人，运动成绩为全国比赛前 3 名；普通运动员组 12 人。两组运动员补充不同剂量牛磺酸后的红细胞 ATP 酶活性的比较列于（图 4–1）。

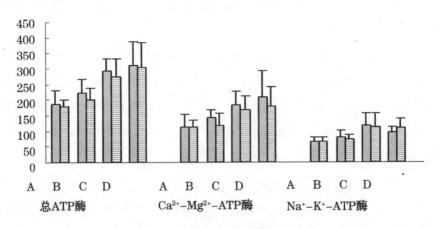

图 4–1 优秀运动员和普通运动员

补充不同剂量牛磺酸红细胞 ATP 酶活性

优秀运动员组和普通运动员组分别补充四个剂量牛磺酸后，ATP 酶活性在两组运动员间均无显著性差异（$P > 0.05$）。

除优秀运动员 $Ca^{2+} - Mg^{2+} - ATP$ 酶活性 B 与 C 剂量组间无显著性差异（$P > 0.05$），$Na^+ - K^+ - ATP$ 酶活性 C 剂量组显著高于 D 剂量组（$P < 0.05$）及 D、B 剂量组间无显著性差异外，两组运动员其它各剂量组间每一种 ATP 酶活性的比较结果均依循前述剂量规律。

四、讨 论

ATP 酶是红细胞膜上的重要酶系统之一，它对红细胞内外离子浓度的稳定，维持细胞正常形态具有重要作用。研究表明，红细胞膜 ATP 酶活性的降低能导致细胞内和细胞外电解质稳态的紊乱以及增加细胞膜对各种离子和小分子物质的通透性，造成钾的大量流出和钠的大量流入，进而导致红细胞流变性降低、膜脆性增大。这些改变会直接影响血液和组织间的气体交换和微循环，导致微循环和多个器官系统出现功能障碍。

（一）不同剂量牛磺酸对红细胞总 ATP 酶活性的影响

本实验观察到红细胞总 ATP 酶活性随此四种牛磺酸剂量水平的增加而升高，C 剂量组和 D 剂量组的总 ATP 酶活性显著高于 A 剂量组和 B 剂量组，（$P < 0.05$，见表 4 - 5）。

大量的研究报道表明，细胞膜是最易受自由基攻击的部位，当细胞膜发生脂质过氧化时，膜的完整性和流动性被破坏，继发地引起 ATP 酶活性的下降。目前，ATP 酶被认为是衡量红细胞膜结构完整性及氧化应激损伤情况的敏感指标。文献报道，高强度无氧运动后，丙二醛（MDA）含量明显升高，红细胞膜 ATP 酶活性显著下降。本实验观察到每天补充 C 剂量组或 D 剂量组的牛磺酸能显著提高总 ATP 酶活性，可见这两种剂量的牛磺酸不仅能有效对抗观察阶段内运动负荷产生的自由基，保护细胞膜免受脂质过氧化损伤，还能改善红细胞膜转运离子的能力。

（二） 不同剂量牛磺酸对红细胞 $Ca^{2+} - Mg^{2+} - ATP$ 酶活性的影响

C 剂量组与 D 剂量组的 $Ca^{2+} - Mg^{2+} - ATP$ 酶活性显著高于 A 剂量组与 B 剂量组（$P < 0.05$），A 剂量组与 B 剂量组间以及 C 剂量组与 D 剂量组间没有显著性差异（$P > 0.05$，见表 4 – 5）的结果提示，每天补充 1200mg 或 1600mg 的牛磺酸对拳击运动员机体红细胞 $Ca^{2+} - Mg^{2+} - ATP$ 酶活性更具作用。

文献报道红细胞内 Ca^{2+} 蓄积可使细胞内钙超负荷而损害细胞功能，因此维持细胞内低浓度钙是细胞行使正常功能的关键。$Ca^{2+} - Mg^{2+} - ATP$ 酶（钙泵）具有将胞内 Ca^{2+} 泵出胞外的作用。所以细胞膜 $Ca^{2+} - Mg^{2+} - ATP$ 酶活性对于维持 Ca^{2+} 浓度的稳定起重要作用。其活性变化可影响到细胞的许多生理功能及细胞的完整性。

近年来，有关细胞钙离子代谢对机体机能影响的研究十分活跃。大量医学和生物学研究发现，细胞钙代谢紊乱是引起机能异常的重要原因。另有研究表明运动可导致细胞内钙超载，同时细胞器如线粒体、内质网内的 Ca^{2+} 浓度异常，进而影响兴奋 – 收缩耦联和 ATP 的生成，是影响运动能力的主要原因之一。成熟红细胞不含细胞器，且细胞膜上缺乏 $Na^+ - Ca^{2+}$ 交换系统，细胞可能主要依赖钙泵调节细胞内 Ca^{2+} 浓度。因此运动产生大量自由基损伤细胞膜而导致 $Ca^{2+} - Mg^{2+} - ATP$ 酶功能异常，不能有效泵出细胞内钙离子，可能是引起细胞内钙蓄积的重要原因。

本研究中每天补充 C 剂量或 D 剂量牛磺酸能显著升高运动员红细胞 $Ca^{2+} - Mg^{2+} - ATP$ 酶活性的现象可能与保持红细胞内低钙状态和行使正常功能有关，这可能是牛磺酸抑制细胞钙代谢紊乱、延缓运动性疲劳和减少损伤的机制之一。

（三） 不同剂量牛磺酸对红细胞 $Na^+ - K^+ - ATP$ 酶活性的影响

C 剂量牛磺酸可使运动员红细胞 $Na^+ - K^+ - ATP$ 酶活性达到较高

水平，明显高于 A 剂量和 B 剂量组（P<0.05，见表4-5），比 D 剂量组高出 12.97%，但无显著性差异（P>0.05）。A 剂量组与 B 剂量组运动员的 $Na^+ - K^+ - ATP$ 酶活性并无差异（P>0.05）。这个结果提示，A 剂量与 B 剂量的牛磺酸并不足以清除实验期间运动员体内产生的过多自由基，这两组受试者机体 $Na^+ - K^+ - ATP$ 酶活性没有显著变化就是最好的证明。

$Na^+ - K^+ - ATP$ 酶，又称钠泵，是丹麦 Aarhus 大学的 Jens C. Skou 在 1957 年发现的重要离子通道蛋白。运动训练对红细胞 $Na^+ - K^+ - ATP$ 酶的影响已经成为学者们关注的热点。有学者认为，红细胞膜上 $Na^+ - K^+ - ATP$ 酶活性在运动中的增强是正常机体对运动的生理性应激反应，反映着机体物质和能量代谢水平的提高。也有研究表明，短道速滑运动员决赛组所具有的高红细胞 $Na^+ - K^+ - ATP$ 酶活性是该群体获得决赛资格的重要生物学原因之一。曾有实验报道大强度训练时，补充 B 剂量牛磺酸可使运动员体内红细胞 $Na^+ - K^+ - ATP$ 酶活性和血清总抗氧化能力一直维持在较高水平，对维持运动员机体抗氧化能力有积极作用。

D 剂量组与 C 剂量组相比，有受试者机体 $Na^+ - K^+ - ATP$ 酶活性下降的趋势。细胞内产生的自由基并不都对细胞有害，有些还可被细胞利用。$Na^+ - K^+ - ATP$ 酶的活性主要取决于 ATP 是否充足，而 ATP 在线粒体中的生成，需要辅酶 Q 以半醌自由基的形式沿呼吸链传递电子。如果半醌自由基不沿呼吸链传递电子，则可与还原型辅酶 I（NADH）自动氧化生成超氧阴离子；超氧阴离子与细胞色素 C 反应或歧化为过氧化氢（$H2O_2$），均可使电子传递形成短路，减少 ATP 的生成，进而影响 $Na^+ - K^+ - ATP$ 酶的活性。

D 剂量组总 ATP 酶活性和 $Ca^{2+} - Mg^{2+} - ATP$ 酶活性只是比 C 剂量组稍高，并不具统计学上的差异（P>0.05）。本研究的另一组实验关于 MDA 检测结果表明，C 剂量组的血清 MDA 浓度为 6.55 ± 3.41 nmol/ml，D 剂量组为 6.16 ± 1.95 nmol/ml，组间不具有统计学差异（P>

0.05）。这个结果提示，D剂量与C剂量相比较，Na^+-K^+-ATP酶的活性和血清MDA浓度呈一致性降低的趋势，存在过度清除体内自由基的可能。对于成熟红细胞而言，它缺乏任何细胞器，主要依靠糖酵解供应能量。D剂量组的Na^+-K^+-ATP酶活性趋于下降，可能是由于此剂量的牛磺酸使糖酵解过程中的电子传递出现问题，进而影响了Na^+-K^+-ATP酶活性，但相同情况下$Ca^{2+}-Mg^{2+}-ATP$酶活性仍呈升高状态，提示牛磺酸可能对ATP分型酶有不同的影响，Na^+-K^+-ATP酶似乎更为敏感。

四个实验周期内，运动员的运动负荷可能不尽相同，进而导致体内自由基水平的不同。但（表4-6）的结果显示，ATP酶活性在四个周期间不具显著性差异（$P > 0.05$）。这说明ATP酶活性的变化是不同剂量牛磺酸对其产生影响的结果，与不同周期及各周期的运动负荷没有关系。

本实验四个剂量水平牛磺酸对ATP酶活性的影响表明，运动员每天补充C剂量牛磺酸更为适宜。

（四）不同剂量牛磺酸对不同运动水平运动员红细胞ATP酶活性的影响

为了进一步探讨补充不同剂量牛磺酸对不同运动水平运动员红细胞ATP酶活性的影响，本研究以运动成绩为标志把参加实验的拳击运动员分为优秀运动员组和普通运动员组。结果表明，优秀运动员组和普通运动员组分别补充四个剂量牛磺酸后，两组运动员的每一种酶活性都没有显著性差异（$P > 0.05$）。优秀运动员Na^+-K^+-ATP酶活性C剂量组显著高于D剂量组，这进一步证明前述可能存在D剂量牛磺酸过度清除体内自由基的观点。

正常人的钙泵活性通常为钠泵的$3 \sim 8$倍。（图4-1）表明各组不同剂量牛磺酸对$Ca^{2+}-Mg^{2+}-ATP$酶活性的影响依从于这个规律，仅有倍数间的差异。

五、小　结

● 1200mg 剂量或 1600mg 剂量牛磺酸能显著升高拳击运动员红细胞总 ATP 酶和 $Ca^{2+} - Mg^{2+} - ATP$ 酶活性。

● 1200mg 剂量牛磺酸能显著升高拳击运动员红细胞 $Na^+ - K^+ - ATP$ 酶活性；优秀运动员组 1600mg 剂量的 $Na^+ - K^+ - ATP$ 酶活性显著低于 1200mg 剂量的现象提示，投用 1600mg 剂量牛磺酸可能对机体有过度清除体内自由基的不利效应。

● 1600mg 剂量组的 $Na^+ - K^+ - ATP$ 酶活性趋于下降，但相同情况下 $Ca^{2+} - Mg^{2+} - ATP$ 酶活性仍呈升高的状态提示，牛磺酸可能对 ATP 分型酶有不同程度的影响，$Na^+ - K^+ - ATP$ 酶似乎更为敏感。

● 优秀运动员组和普通运动员组分别补充四个剂量牛磺酸后，两组运动员的每一种酶活性都没有显著性差异。

● 四个剂量水平牛磺酸对拳击运动员 ATP 酶活性的影响提示，运动员每天补充 1200mg 剂量的牛磺酸更为适宜。

主要参考文献

1. 马东晓. 牛磺酸抗运动性损伤的机制 [J]. 吉林体育学院学报，2000，16 (2)：57 ~ 60

2. 杨占军. 人体内一种不容忽视的氨基酸——牛磺酸 [J]. 生物学杂志，2000，17 (1)：33

3. Yatabe Y, Miyakawa S, Miyazaki T, et al. Effects of taurine administration in rat skeletal muscles on exercise [J]. Orthopaedic Science, 2003, 8：415 ~ 419

4. Dawson R, Biasetti M, Messina S, et al. The cytoprotective role of taurine in exercise – induced muscle injury [J]. Amino Acids, 2002, 22：309 ~ 324

5. Pushpakiran G, Mahalakshmi K, Anuradha CV. Taurine restores ethanol – induced depletion of antioxidants and attenuates oxidative stress in rat tissues [J]. Amino Acids. 2004 Aug; 27 (1)：91 ~ 6. Epub 2004 Apr 26

6. Hideki Mochizuki, et al. Dietary taurine alters ascorbic acid metabolism in rats fed

diets containing polychlorinated biphenyls［J］. Adv Exp Med Biol. 2000, 4（3）: 169～75

7. 宿燕岗，杨英珍，陈灏珠. 牛磺酸跨膜转运的意义及机制［J］. 细胞生物学杂志，1997，19（1）: 4～9

8. 田野. 细胞 Ca^{2+} 与运动性骨胳肌纤维损伤［J］. 中国运动医学杂志，1992，11（1）: 44～48

9. 张沂，孙忠实，史湘云等. 牛磺酸的人体药物动力学及对血压、心率的药效学影响［J］. 中国医院药学杂志，1998，18（3）

10. 章南洋，董素心. 改良红细胞 ATP 酶超微量测定法［J］. 中国运动医学杂志，1989，8（3）: 155～156

11. 冯连世，李开刚. 运动员机能评定常用生理生化指标测试方法及应用［M］，北京：人民体育出版社，2002: 44～50

12. 高勇，刘大跃，王义清. 光量子处理对血液保存中红细胞 Na^+-K^+—ATP 酶和 $Ca^{2+}-Mg^{2+}$—ATP 酶活性的影响［J］. 中国输血杂志，2000，13（4）: 237～238

13. Wei－Feng TU, Gui－Fang LIN, Jian－Fan SHEN, et al. Changes in erythrocyte membrane ATP－ase and plasma lipid peroxides in upper abdominal surgery under intravenous procaine balance anesthesia［J］, World J Gastroenterol, 1998, 4（5）: 430～433

14. 李磊. 抗疲劳中药和跑台训练对大鼠红细胞抗氧化酶和 Na^+-K^+-ATP 酶活性的影响. 北京体育大学学报［J］，2000，23（3）: 326～329

15. 黄园，陈志庆，邱卓君等. 高强度无氧运动对血液和红细胞氧化应激水平的影响［J］. 中国运动医学杂志，2003，22（1）: 78～80

16. 周长钰，石毓澎. 高血压患者红细胞膜 ATP 酶活性改变及影响因素分析［J］. Chin J Cardiol, 1996, 24（1）: 4

17. 程时. 生物膜与医学［M］，北京医科大学出版社，第二版，2000: 32

18. 李爱国，赵连友，梁春香等. 原发性高血压患者红细胞 Ca^{2+} 浓度及红细胞膜 $Ca^{2+}-Mg^{2+}$—ATP 酶活性变化与左心室肥厚的关系［J］. 高血压杂志，2003，11（3）: 207～210

19. 张宜龙，陈吉棣. 牛磺酸对大鼠急性运动后自由基代谢、膜流动性及钙转

拳击与速度滑冰训练监控

运变化的影响 [J]. 中国运动医学杂志，1999，18（1）

20. 李良鸣. 牛磺酸与运动的关系 [J]. 中国运动医学杂志，2000，19（1）

21. 崔文，刘银坤，张夏英等. 外源性神经节苷脂 GM3 对 Ca^{2+}—ATP 酶及红细胞胞浆 Ca^{2+} 浓度的影响 [J] 上海医科大学学报，1994，21（5）

22. 孙湄，高庆生. 运动对人红细胞膜影响的研究—Na^+ – K^+ – ATP 酶活性在运动中的变化 [J]. 中国运动医学杂志，1987，6（3）：138～141

23. 臧广悦. 比赛对短道速滑运动员红细胞 Na^+ – K^+—ATP 酶和血浆抗氧化酶活性的影响 [J]. 沈阳体育学院 2002 年硕士学位论文集，2002，130～139

24. 张晓峰. 沈阳体育学院 2004 年硕士学位论文

25. 吴小春. 自由基与钠钾 ATP 酶的损伤 [J]. 国外医学临床生物化学与检验学分册，1992，12（2）：54～58

26. 常波，衣雪洁，张玉玲等. 力竭性游泳对血液中 ATP 含量，红细胞膜上 Ca^{2+}—ATP 酶活性的影响及其与红细胞变形性关系的研究 [J]. 沈阳体育学院学报，1998，2：1～3

27. 姚泰. 生理学 [M]，人民卫生出版社，第五版，2000：52

第三节 不同剂量牛磺酸对拳击运动员 SOD 活性的影响

一、前　言

超氧化物歧化酶（Superoxide dismutase，SOD）广泛存在于活组织细胞中，是机体超氧阴离子自由基的清除剂。SOD 按金属辅基成分的不同，又分为 CuZn – SOD、Mn – SOD 和 Fe – SOD。前两者主要存在于真核生物，后者主要存在于原核生物。

自由基是机体正常的代谢产物，对维持机体正常代谢有一定的促进作用，其关键在于体内自由基的浓度能否维持正常水平。急性剧烈运动时，机体清除自由基的能力不足以平衡运动应激情况下产生的自由基，氧化攻击与机体抗氧化之间失去平衡，自由基增多使机体受到损伤。

SOD 能够特异性地清除超氧阴离子自由基，切断自由基链式反应，抑制脂质过氧化的发生，从而保护生命大分子物质免受自由基损伤。

除了机体内源性的抗氧化系统外，为了清除机体内过多的自由基，还可以适当补充外源性抗氧化剂。已有研究表明抗氧化剂的外源性补充在预防和缓解运动性自由基损伤，增进抗氧化能力方面可能有积极的意义。

牛磺酸（Taurine）作为一种细胞保护剂，具有广泛的生物学效应，包括维持渗透压平衡、直接膜稳定作用、抗脂质过氧化损伤和调节 Ca^{2+} 稳态等。许多研究表明，牛磺酸是机体在应激等多种情况下的必需营养物质，牛磺酸易溶于水，分子量较小，无抗原性，各种给药途径均易吸收。大量研究均证明牛磺酸可以直接发挥其抗氧化作用，也可通过提高体内抗氧化酶系统的活性来增强机体的抗氧化能力。

牛磺酸减少运动中脂质过氧化产物，促进运动后机体抗氧化酶活性增加的作用已在一些动物实验中得到初步验证，但有关牛磺酸对人体运动时自由基代谢的影响较为少见，其抗氧化作用对 CuZn – SOD、Mn – SOD 是否具有相同的影响还有待研究；尚未见到有关运动员补充不同剂量牛磺酸对总 SOD（T – SOD）、CuZn – SOD、Mn – SOD 活性影响的研究报道。本研究通过在拳击运动员正常训练期间补充不同剂量牛磺酸，探讨运动人体血清 T – SOD 与 CuZn – SOD、Mn – SOD 活性的变化规律。

二、对象与方法

（一）对　象
与前述研究相同（略）。

（二）方　法
营养干预剂与投用方法与前述研究相同（略）。

1. 血样采集与处理
各周期实验开始当日清晨服用牛磺酸前与全部试验结束次日清晨于

空腹状态下分别采集全部运动员的血液样品。将取自指端末梢血 200 微升收集于弹头试管内，3500r/min 离心 15 分钟，取血清立即测定 SOD 活性和 MDA 浓度。

2. 指标与测试方法

血清 SOD 活性测定：黄嘌呤氧化酶法（每毫升反应液中 SOD 抑制率达 50％时所对应的 SOD 量为一个 SOD 活力单位，以 U /ml 表示），试剂批号为 20040712，变异系数 CV =1.7％。

血清 MDA 浓度测定：硫代巴比妥酸（Thibabituric Acid，TBA）法，结果以 nmol/ml 表示，试剂批号为 20040722，变异系数 CV =1.5％。

试剂盒均购自南京建成生物工程研究所。Mn – SOD 活性测定通过 T – SOD 活性减去 CuZn – SOD 活性计算得出。

（三）数据处理与统计分析

全部数据应用 SAS 6. 12 统计分析软件进行统计分析处理，结果用平均数 ± 标准差表示。

三、结　果

（一）补充不同剂量牛磺酸血清 SOD 活性和 MDA 浓度

补充不同剂量牛磺酸拳击运动员血清 T – SOD、CuZn – SOD 的活性随剂量的不同而呈增加趋势。C、D 剂量水平组的 T – SOD 活性和 D 剂量水平组 CuZn – SOD 活性较补充牛磺酸前明显增高（P < 0. 05）。与补充前相比，血清 Mn – SOD 的活性有一定程度升高，但均不存在显著性差异（P > 0. 05）；血清 MDA 的浓度均呈下降趋势，但仅有 C、D 剂量水平组具有明显的统计学差异（P < 0. 05，见表 4 –7）。

表4-7　补充不同剂量牛磺酸血清SOD活性和MDA浓度

剂量	人数	T - SOD （U/ml）	CuZn - SOD （U/ml）	Mn - SOD （U/ml）	MDA （nmol/ml）
零剂量	23	73. 33 ± 19. 22	60. 43 ± 20. 55	12. 90 ± 11. 91	8. 92 ± 1. 50
A	23	75. 56 ± 15. 30	62. 45 ± 22. 54	13. 11 ± 13. 20	7. 85 ± 1. 94
B	23	80. 97 ± 14. 65	61. 17 ± 17. 74	19. 73 ± 16. 56	8. 15 ± 2. 64
C	23	88. 47 ± 13. 54 *	73. 23 ± 17. 78	15. 24 ± 10. 41	6. 55 ± 3. 41 *
D	23	91. 58 ± 12. 01 *	76. 53 ± 15. 07 *	15. 06 ± 10. 14	6. 16 ± 1. 95 *

* $P < 0.05$ 为补充不同剂量牛磺酸后与补充前比较

（二）不同实验周期血清 SOD 活性和 MDA 浓度

不同周期间实验对象血清 SOD 活性和 MDA 浓度测定结果列于（表 4 - 8）。四个周期血清 T - SOD 和 CuZn - SOD 活性间无显著性差异（$P > 0.05$）；Mn - SOD 活性和 MDA 浓度周期间有显著性差异（$P < 0.05$）。

表4-8　不同周期实验对象血清SOD活性和MDA浓度

周期	人数	T - SOD （U/ml）	CuZn - SOD （U/ml）	Mn - SOD （U/ml）	MDA （nmol/ml）
1	23	81. 44 ± 12. 42	71. 39 ± 16. 96	10. 05 ± 9. 60 * *	7. 43 ± 2. 14 * *
2	23	78. 28 ± 18. 43	68. 50 ± 20. 18	9. 78 ± 7. 00 * *	9. 23 ± 2. 99 *
3	23	87. 56 ± 14. 38	65. 60 ± 21. 65	21. 96 ± 13. 28 *	4. 87 ± 1. 68 * * *
4	23	89. 29 ± 12. 53	67. 89 ± 17. 45	21. 40 ± 14. 92 *	7. 18 ± 1. 66 * *

注：仅当表中同一纵栏内均数上标符号不同时示二均数间具明显的统计学差异（$P < 0.05$）

四、讨　论

（一）不同剂量牛磺酸对血清 T - SOD 活性的影响

本实验观察到不同剂量牛磺酸对拳击运动员血清 T - SOD 的活性影响有随剂量不同而增加的趋势，C、D 剂量水平组 T - SOD 活性较补充

102

牛磺酸前明显增高（P＜0.05）。这提示不同剂量牛磺酸对血清 T－SOD 活性有不同的影响，小剂量的牛磺酸对 T－SOD 活性的影响不明显（P＞0.05），大剂量牛磺酸对 T－SOD 活性的影响明显（P＜0.05），提示牛磺酸只有达到一定剂量水平才能有效提高血清 T－SOD 活性。

SOD 是抗氧化系统中重要的金属酶，是体内唯一一种以氧自由基为底物的酶。生理情况下机体代谢可产生少量氧自由基，主要来自于线粒体、内质网及胞浆膜等。自由基可通过相互碰撞而淬灭，或被体内的酶促防御系统如 SOD、过氧化氢酶（CAT）及非酶促防御系统如 VitE、VitC 等清除，通常不会造成组织的损伤。运动可使机体代谢发生很大的变化，随着运动强度和时间的变化机体耗氧量也不断地变化，产生自由基的数量及其对机体造成损伤的程度也有所不同。有学者对 7 名集训期排球班学生补充牛磺酸 400mg/d，实验期间正常生活训练，2 周后受试者运动能力明显提高（P＜0.05），SOD 活性无显著性变化（P＞0.05），谷胱甘肽过氧化物酶（GSH－PX）活性升高幅度显著增加（P＜0.05）。

本实验受试对象为多年系统训练的拳击运动员，采用 4 个不同剂量的牛磺酸，结果大剂量牛磺酸可使血清 T－SOD 活性有显著升高（P＜0.05）。提示对于不同的运动方式、运动强度和不同的持续时间来讲，补充牛磺酸的剂量也应有所不同。一些学者曾就牛磺酸的剂量问题进行过专门的动物实验，Miyazaki 等分别给大鼠每天口服 0，20，100，500mg/kg 牛磺酸，两周后在跑台上运动至力竭，结果表明口服 100，500 mg/kg 组力竭时间分别比不服用牛磺酸组延长 25%，50%，并有效抑制了谷胱甘肽（GSH）含量的降低，提出大鼠补充两周牛磺酸后进行力竭运动的补充最佳剂量在 100～500 mg/kg/day 之间。

运动员在剧烈运动过程中，细胞缺氧的时间相对较长，一旦停止运动，体内的组织和器官就会出现一个"缺血－再灌注"的过程，此过程同样可以激发一系列的自由基反应，导致组织氧自由基的产生和脂质过氧化作用的大幅度加强。有学者对大鼠四动脉阻断模拟运动造成的缺

血 – 再灌注损伤，表明牛磺酸 300mg/kg 于双侧颈总动脉阻断前 40min 腹腔注射，可使缺血 40min 再灌注 1h 大鼠脑组织中肌酸激酶（CK）及乳酸脱氢酶（LDH）活性提高，相应地使 LDH 释放入血减少，增强脑组织中 SOD 和 GSH – PX 活性，显著降低 MDA 的浓度；而牛磺酸 100mg/kg 除可降低缺血 – 再灌注大鼠血清中 LDH 活性外，对其余指标均无明显影响。也有学者采用在体大鼠冠脉结扎后再通的方法，观察不同剂量（小剂量组 100mg/kg、中剂量组 200mg/kg、大剂量组 400mg/kg）牛磺酸对大鼠心肌缺血再灌注后心肌梗塞的范围，血清和心肌中 SOD 活性、MDA 和 NO 含量的影响。结果表明牛磺酸可明显减少大鼠心肌缺血再灌后的心肌梗塞范围，提高大鼠心肌缺血再灌注后血清和心肌中的 SOD 活性，降低心肌和血清中 MDA 和 NO 含量，且中、大剂量较小剂量的作用更为明显。由此可见，尽管牛磺酸对机体有着积极的作用，但其对机体能够产生积极作用需要有量的支持。

自由基攻击生物膜上的多不饱和脂肪酸产生脂质过氧化，导致生物膜结构和功能的改变，表现为生物膜通透性增加，细胞内物质逸出；线粒体膜流动性降低，功能紊乱，使 ATP 生成下降，能量供应不足；肌浆网受损，不能正常摄取钙离子，形成胞浆钙离子堆积；溶酶体膜的破坏释放大量水解酶，从而加重了组织损伤，导致运动能力下降并产生疲劳。本实验观察到 MDA 的浓度均呈下降趋势，C、D 剂量水平组具有明显的统计学差异（$P < 0.05$）的结果进一步表明，这样剂量水平的牛磺酸确实有效地提高了血清 T – SOD 的活性，发挥了牛磺酸对运动机体重要的保护作用。本实验的这个结果与一些动物实验结果相一致，有研究报道，力竭运动可造成大鼠大脑中脂褐素和 MDA 含量水平的显著增加，SOD 活性和 GSH 含量显著下降，而持续补充牛磺酸 300mg/kg/d，10 天后再进行力竭运动，则补充牛磺酸组大鼠心肌组织中的 MDA 和脂褐素含量明显低于单纯力竭运动组，SOD 活性和 GSH 含量明显提高。此外，本实验中 A、B 剂量水平组的 MDA 与补充前比较无显著性差异（$P > 0.05$），C、D 剂量水平的 MDA 与补充前比较有明显的统计学差异

（ $P < 0.05$ ），这与牛磺酸提高血清 T – SOD 活性的实验结果相匹配，从运动机体脂质过氧化强度方面再次证明前述牛磺酸需要一定的量才能充分发挥其生物效应的论点。

（二）牛磺酸对血清分型 SOD 活性的影响

为进一步探讨牛磺酸对分型 SOD 活性的影响是否一致，本实验分别对血清 CuZn – SOD 、Mn – SOD 活性进行测定。CuZn – SOD 活性随剂量的不同而呈增加趋势，D 剂量水平组明显高于补充前（ $P < 0.05$ ）；Mn – SOD 活性与补充前相比均不存在显著性差异（ $P > 0.05$ ）。这个结果表明，牛磺酸在增强机体抗氧化能力方面可能主要以提高 CuZn – SOD 活性为主。在机制上可能是由于 CuZn – SOD、Mn – SOD 的分布、结构和理化性质不同所致。以大鼠肝的亚细胞结构组分研究，CuZn – SOD 主要位于胞浆，在溶酶体和线粒体内外膜间也有一定活性，Mn – SOD 主要存在线粒体基质中，在人和狒狒的肝细胞中还有一些 Mn – SOD 存于线粒体外。CuZn – SOD 在胞浆中合成为成熟的蛋白质，而 Mn – SOD 只合成为前身蛋白，运至线粒体后再加工为成熟的蛋白质。运输越过线粒体膜和加工过程都很快，用免疫分析在胞浆和线粒体组分中都检测不出明显的 Mn – SOD 前身蛋白。此外，CuZn – SOD 中 α 螺旋结构少于 β 折叠，而 Mn – SOD 则相反，这是 CuZn – SOD 富含甘氨酸的结果，也是二者差别所在。

（三）运动对血清 SOD 活性的影响

不同周期间实验对象血清 T – SOD 和 CuZn – SOD 活性无显著差异（ $P > 0.05$ ），表明本实验中补充不同剂量牛磺酸后血清 T – SOD 和 CuZn – SOD 活性的变化可排除运动训练对其的影响。不同周期间 Mn – SOD 活性存在显著差异（ $P < 0.05$ ）的结果提示，与 CuZn – SOD 活性相比较，Mn – SOD 活性更易受到运动训练强度和持续时间等因素的影响。

Mn – SOD 是唯一可被诱导的 SOD 形式，许多因素可以诱导 Mn – SOD 基因的表达，如 X 射线照射、缺氧、IL – 1、TNF、二硝基苯等，这表明诱导 Mn – SOD 是细胞拮抗氧化应激损伤的一个重要防御反应。

有关运动训练对于 SOD 活性的影响不尽相同，只有很少的研究检测运动训练对 SOD 同功酶的影响，且结果缺乏一致性。有学者从 RNA 水平研究了抗氧化的运动性适应，大鼠经 9 周耐力训练后，测定了心肌中编码 Mn－SOD、CuZn－SOD 的 mRNA 水平，发现与对照组相比，仅有 Mn－SOD 的 mRNA 水平提高了 126%。还有学者采用去甲肾上腺素诱导缺血预适应，研究预适应大鼠心肌抗氧化酶活性变化与预适应保护的关系，结果提示预适应使心肌 Mn－SOD 活性增强，CuZn－SOD 活性则无此变化，提出 Mn－SOD 可能是预适应保护机制的最终效应器。本实验的结果提示，Mn－SOD 对于监测运动训练过程中机体的过氧化状态可能更有意义。

CuZn－SOD 活性在实验期间未见显著的变化，可能与其活性比较稳定的特性有关，也可能是长期的运动训练使 CuZn－SOD 的活性发生了适应性的变化有关。

有研究发现，急性运动可导致血清 Mn－SOD 活力发生非常显著的升高，运动后血清 CuZn－SOD 活力也有明显增加，也有学者报道，运动训练仅引起了 CuZn－SOD 活性的增加。对于此方面的研究缺乏一致性，尚未能有一明确的解释，尽管如此，检测 SOD 活性技术的差异、运动训练方式的差异，以及被检测部位的不同也是出现差异的关键因素，也有学者提出运动训练引起的 Mn－SOD、CuZn－SOD 活性的变化表现在转录后控制水平上的不一致。

不同周期间拳击运动员血清 MDA 浓度变化较为明显（$P < 0.05$，表 4－3－3）。许多研究表明，机体运动时间越长，运动强度越大，产生的自由基越多。有研究对 48 名少年进行了安静、亚极量负荷和极量负荷下血浆中 MDA 含量的测定，结果发现，MDA 在极量和亚极量运动负荷下均比安静时显著下降，极量负荷下 MDA 含量又极明显地高于亚极量负荷。但也有学者的研究结果与上述不一致，倪耀华发现 12 名体育系男生在自行车功率计上以 70% 和 30% VO_2max 的强度踏车至力竭时，血浆 MDA 含量较安静时显著增多，但以 90% VO_2max 运动至力竭

时却未发现 MDA 有显著变化。也有学者以大鼠为研究对象，结果发现长时间力竭性运动引起肌组织 MDA 含量增加，而短时间间歇运动，MDA 变化不明显。当前有关运动对人体脂质过氧化反应影响的研究结果并不一致，而这种差异的出现尚无一个圆满的解释，此问题仍有待于进一步探讨。

五、小　结

● A、B 剂量的牛磺酸对 T – SOD 活性的影响无显著性差异（P > 0.05），C、D 剂量牛磺酸对 T – SOD 活性的影响有显著性差异（P < 0.05）的结果表明，运动员补充牛磺酸需达到一定的剂量才能有效提高血清 SOD 活性，发挥其生物学效应。

● 血清 CuZn – SOD 活性随剂量的不同而呈增加趋势，D 剂量水平组明显高于补充前（P < 0.05）；Mn – SOD 的活性与补充前相比均无显著性差异（P > 0.05）。表明牛磺酸在增强机体抗氧化能力方面可能主要以提高 CuZn – SOD 活性为主。

● 血清 Mn – SOD 活性受运动训练负荷的影响明显（P < 0.05），而 CuZn – SOD 活性无明显变化（P > 0.05）的现象提示，Mn – SOD 对于监测运动训练过程中机体的过氧化状态可能更有意义。

主要参考文献

1. GOU Xiaojun. Directed Evolution of Human Cu, Zn – SOD Under Artificial Oxidant Pressures [J]. CHEM. RES. CHINESEU. 2002, 18 (3), 294 ~ 298

2. Frank M. Faraci, PhD. Vascular Protection. American Heart Association, Inc. 2003, 34：327 ~ 334

3. Yu Hongsheng. Effects of low – dose radiation on tumor growth, erythrocyte immune function and SOD activity in tumor – bearing mice [J]. Chinese Medical Journal. 2004；117 (7)：1036 – 1039

4. 万利. 自由基的产生对运动疲劳的影响及其恢复机制 [J]. 河北体育学院

学报．2004，18（1）：21～22

5. Jian – Ming Jiang, Zhen Wang, Dian – Dong Li. Effects of AGEs on Oxidation Stress and Antioxidation Abilities in Cultured Astrocytes ［J］. Biomedical and environmental sciences. 2004，17，79～86

6. 余中. 银杏液对跆拳道运动员运动能力及自由基代谢的影响［J］. 广州体育学院学报．2001，21（1）：67～69

7. 李磊，冯美云，张缨等. 抗疲劳中药和跑台训练对大鼠红细胞抗氧化酶和 Na^+K^+ – ATP 酶活性影响［J］. 北京体育大学学报．2000，23（3）：326～329

8. 许玲. 支链氨基酸对大鼠运动力竭后血液中抗氧化系统的影响［J］. 解放军体育学院学报．2002，21（4）：76～78

9. Dawson R Jr, et al. The cytoprotective role of taurine in exercise – induced muscle injury ［J］. Amino acid. 2002，22（4）：309～324

10. Zhang M, Izumi I, Kagamimori S, Sokejima S, Yamagami T, Liu Z, Qi B. Role of taurine supplementation to prevent exercise – induced oxidative stress in healthy young men. Amino Acids ［J］. 2004 Mar；26（2）：203～207

11. Takahashi K, et al. Protective effect of taurine on the irregular beating pattern of cultured myocardical cells induced by high and low extracelluar calcium ion ［J］. J Mol Cell Cardiol. 1988，20：397～403

12. Chang L, Xu J, Yu F, Zhao J, Tang X, Tang C. Taurine protected myocardial mitochondria injury induced by hyperhomocysteinemia in rats ［J］. Amino Acids. 2004，27（1）：37～48

13. Pushpakiran G, Mahalakshmi K, Anuradha CV. Taurine restores ethanol – induced depletion of antioxidants and attenuates oxidative stress in rat tissues ［J］. Amino Acids. 2004，27（1）：91～96

14. Hideki Mochizuki, et al. Dietary taurine alters ascorbic acid metabolism in rats fed diets containing polychlorinated biphenyls ［J］. Adv Exp Med Biol. 2000，4（3）：169～175

15. 魏源，罗桂珍，林石梅等. 牛磺酸对运动力竭大鼠红肌线粒体抗氧化物和 Na^+K^+ – ATP 酶活性的影响［J］. 首都体育学院学报．2001，13（3）：69～72

16. 魏源，王翔，李良鸣等. 牛磺酸对大鼠力竭运动后肝组织自由基损伤的对

抗作用［J］．中国运动医学杂志．2002，21（2）：213~214

17. 万福生，王青松，吴绮明等．牛磺酸对心肌缺血损伤细胞调亡与 Fas/FasL 基因表达变化的影响［J］．中国药物与临床．2004，4（1）：17~19

18. 张宜龙，陈吉棣，刘晓鹏等．牛磺酸对人体自由基代谢水平和运动能力的影响［J］．中国运动医学杂志．1999，18（1）：73~76

19. Miyazaki T, Matsuzaki Y, Ikegami T, Miyakawa S, Doy M, Tanaka N, Bouscarel B. Optimal and effective oral dose of taurine to prolong exercise performance in rat ［J］．Amino Acids. 2004，27：291~298

20. 孙光春，等．牛磺酸对大鼠脑缺血性损伤的保护作用［J］．贵阳医学院学报．2000，25（4）：257~9

21. 杨俭，等．牛磺酸对大鼠心肌缺血再灌注损伤的保护作用［J］．中国临床药理学与治疗学．2000，5（4）：317~319

22. 于飞．氧自由基清除剂及其在运动体育领域中的应用［J］．西北师范大学学报（自然科学版）．2002，39（3）：113~116

23. 陈英剑，等．牛磺酸对糖尿病大鼠肾脏氧化和抗氧化系统的影响［J］．放射免疫学杂志 2004，17（4）：245~247

24. 宋樱．牛磺酸和支链氨基酸对大鼠肝细胞氧化损伤的保护作用［J］．青岛大学医学院学报 2004，40（1）：20~22

25. 张钧，等．牛磺酸对运动大鼠心肌和大脑脂褐素及脂质过氧化的影响［J］．西安体育学院学报．2003，20（1）：58~59

26. 唐微，等．CuZn – SOD 二级结构预测的研究［J］．药物生物技术．1995，2（1）：24~27

27. 陈瑗，等．自由基医学基础与病理生理［M］．人民卫生出版社．2002 年 10 月，第一版：121~123

28. 聂金雷．运动与抗氧化研究的新进展［J］．天津体育学院学报．2000，15（1）：25~28

29. 王淑侠．线粒体 Mn – SOD 参与预适应大鼠心肌抗梗死保护作用的实验研究［J］．核技术．2002，25（11）：913~917

30. 潘玮敏，等．不同负荷训练对大鼠骨骼肌细胞膜自由基代谢、膜流动性及 $Na^+ – K^+ – ATP$ 酶活性的影响［J］．西安体育学院学报．2004，21（3）：51~57

31. 冯连世，等. 急性运动对血清超氧化物歧化酶的影响及其与有氧能力的关系［J］. 中国运动医学杂志. 1994，13（3）：129～132

32. 李水碧. 运动训练对骨骼肌抗氧化能力的影响［J］. 国立台北师范学院学报. 2000，（14）：737～758

33. 袁勤生，等. 超氧化物歧化酶测活方法的比较［J］. 中国药学杂志. 1994，29（11）：679～681

34. 肖建华. 不同负荷运动训练对大鼠红细胞膜的影响——氧化、抗氧化及膜流动性的变化［J］. 北京体育大学学报. 2003，26（4）：472～474

35. 刘涛，等. 不同负荷游泳训练对大鼠大脑及小脑皮质超氧化物歧化酶含量的影响. 沈阳体育学院学报［J］. 2004，23（3）：344～346

36. 卢健，趁彩珍，许永刚. 补充抗氧化剂对老年运动小鼠骨骼肌抗氧化水平的影响［J］. 体育学刊. 2003，10（4）：57～59

37. 随波. 耐力运动对自由基、血清超氧化物歧化酶活性影响的研究［J］. 山东体育学院学报. 2001，17（3）：31～33

38. 傅静波. 少年在亚极量、极量负荷运动下血中 MDA、GSH、SOD 和 CAT 的变化［J］. 中国体育科技. 2000，36（8）：34～36

39. 倪耀华. 不同运动强度对血浆氧自由基代谢水平的研究［J］. 四川体育科技. 2000，（1）：15～16

第五章　速滑运动员的无氧功

一、前　言

速度滑冰是一项要求运动员必须同时具备良好的有氧和无氧代谢能力的周期性运动项目。中、短距离比赛中机体所消耗的能量，大部分由无氧代谢的形式提供。因此速滑运动员无氧代谢能力的提高，不仅是短距离全能训练的主要内容，而且也是全能训练的重要组成部分。

本研究通过对速滑运动员非冰期训练过程无氧功的测定，掌握速滑运动员无氧功的状况，探讨他们在无氧功方面所具有的特点，为速滑运动训练中应用无氧功指标评定训练效果、预测运动成绩提供依据。

二、对象和方法

（一）对　象

受试对象为 24 名优秀速滑运动员。他们已经连续从事 5～14 年速滑专业训练。其中，女子运动员 15 名（平均年龄为 19.6 ± 3.26 岁；平均身高为 167.2 ± 4.07 厘米；平均体重为 63.3 ± 4.0 千克）、男子运动员 9 名（平均年龄为 17.6 ± 2.95 岁；平均身高为 174.0 ± 4.17 厘米；平均体重为 63.9 ± 6.4 千克）。以运动等级和项目为标志，将女子运动员分别分成 2 组，各组运动员一般情况列于（表 5–1）。男子运动员均为短距离专项，无再分组的必要。全体运动员在本年度国内外正式 500 米比赛中取得的最好成绩为有效运动成绩。

表 5 – 1　不同等级和项目女子速滑运动员的一般情况

组别	体重（千克）	人数	年龄（岁）	身高（厘米）
健将组	6	22.8 ± 2.39	166.1 ± 3.26	63.9 ± 4.49
一级组	9	17.2 ± 1.10	168.1 ± 3.88	62.8 ± 3.88
短距离组	9	20.8 ± 3.49	167.6 ± 4.08	63.3 ± 4.96
全能组	6	17.7 ± 1.74	166.7 ± 3.13	63.3 ± 2.67
合并组	15	19.6 ± 3.26	167.2 ± 4.07	63.3 ± 4.0

（二）测试时间

分别在非冰期训练的过渡阶段、基本阶段和专项阶段进行 3 次测试，其中，男子运动员仅进行前两个阶段的测试。过渡阶段的测试安排在该阶段训练的初期；基本阶段和专项阶段的测试分别安排在该阶段训练结束后的调整周。每次测试大约间隔 40 天左右。

（三）主要仪器

Monark – 829E 自行车测功计（瑞典）；BIA – 310 型身体成份分析仪（美国 Biodynamics 公司）；YSI – 2300L 血乳酸分析仪（美国 YSI 公司）。

（四）测定方法

1. 无氧功测定

每名受试对象规定负荷的预置，男女运动员分别以每千克体重 0.083 千克和 0.075 千克为基础，通过预备试验确定。正式试验依照 Ayalon 等提出的 30 秒下肢无氧功试验程序进行。无氧功各参数由测功计自动记录系统每隔 5 秒打印输出。取 30 秒测试过程的 6 个 5 秒输出功计算总无氧功（An30），取其中最大输出功为最大无氧功（An5），单位为瓦。疲劳指数依公式算出。

2. 身体成分测定

每次试验前，均在安静状态下采用生物阻抗法测定身体成分。令受试对象着短衣短裤，取仰卧位。两对心电图诊断电极（美国 CONMED 公司）按仪器测试要求分别置右手和右脚。

3. 血乳酸分析

分别在无氧功测试恢复期的第 3、5、7 分钟采取血样 20 微升,按改良酶电极法立即进行分析。血乳酸分析用酶膜、标准液和缓冲液由美国 YSI 公司提供。

(五)统计分析

除进行常规的统计学分析外,分别将有关指标与本赛季 500 米成绩进行相关分析。利用回归分析的方法,寻找具有实际应用价值的 500 米成绩预测模型。

三、结　果

(一)男子运动员非冰期训练的无氧功(表 5 - 2)

男子速滑运动员的无氧功指标在过渡和基本训练阶段,仅有疲劳指数存在差异,基本阶段非常明显地高于过渡阶段(P < 0.01),其它指标无明显变化(P > 0.05)。

表 5 - 2　非冰期训练男子运动员的无氧功

阶段	N	An5 瓦	An5/体重 瓦/千克	An5/FFM 瓦/千克	疲劳指数%	血乳酸 mmol/L	体脂率(%)	非脂肪成份(千克)
过渡阶段	9	687.2 ±81.6	10.81 ±0.57	11.87 ±0.84	28.5 ±7.58	10.1 ±1.13	8.3 ±2.94	58.1 ±4.60
基本阶段	9	697.3 ±71.2	10.90 ±0.33	11.85 ±0.43	49.1 ±10.02	9.7 ±2.50	8.0 ±2.39	58.8 ±4.76

(二)不同水平女子运动员无氧功变化(表 5 - 3)

在过渡阶段,女子健将组运动员的 An5 明显高于一级组运动员(P < 0.05),在其他两个阶段,两组运动员的 An5 无明显差异(P > 0.05);前两个阶段的 An30 是健将组高于一级组(P < 0.05),在专项训练阶段后,两组运动员的 An30 间则无明显差异(P > 0.05);两组运动员在 An5 体重指数和 An5/FFM 指数上,非冰期训练的三个阶段始终存在非常明显的差异（P＜0.01）。

表5-3 非冰期训练女子健将和一级组运动员的无氧功

组别	阶段	N 瓦	An5An5/体重瓦/千克	An5/FFM瓦/千克	An30瓦	疲劳指数%	血乳酸mmol/L	体脂率（%）	非脂肪成份（千克）
健将组	过渡阶段	6598.2±92.0	9.37±0.80	12.24±1.14	500.4±73.4	31.9±4.03	10.1±1.19	23.3±2.29	48.7±3.28
	基本阶段	6606.2±73.2	9.46±0.69	12.16±0.93	551.2±82.5	19.2±9.23	10.5±0.90	22.2±3.39	49.8±4.09
	专项阶段	6625.4±68.1	9.71±0.66	12.38±0.86	542.4±72.6	29.6±9.19	9.5±1.58	21.5±3.19	50.4±3.20
一级组	过渡阶段	9503.3±62.2	8.11±0.73	10.58±1.03	427.6±44.2	32.9±5.50	9.40±2.03	23.2±1.02	47.5±2.95
	基本阶段	8543.0±51.2	8.54±0.50	11.08±0.72	482.3±31.1	21.9±8.82	10.32±1.06	22.9±1.76	48.9±2.83
	专项阶段	7542.1±50.1	8.57±0.44	11.04±0.76	488.1±44.0	22.79±4.24	10.02±0.94	22.3±2.00	49.8±2.88

在不同训练阶段，An5 及其指数，在两组运动员中虽然呈上升趋势，但是不存在明显差异（P＞0.05）。通过基本阶段的训练，一级组的 An30 有明显提高（P＜0.05），专项阶段该值却保持基本阶段水平（P＞0.05）。健将组的 An30 在三个不同训练阶段虽有上升趋势，但未出现明显变化（P＞0.05）。两组运动员通过基本阶段的训练，其疲劳指数有明显地下降（P＜0.05）；健将组在专项阶段训练后，该指数又上升到过渡阶段水平；一级组却保持基本训练阶段的水平。不同阶段无氧功试验的血乳酸最高值无明显变化及组间差异（P＞0.05），但其出现的时间有后延的趋势。

两组女子运动员间身体基本情况无明显变化（P＞0.05，见表5-4）。体脂率均呈降低趋势，体重的增加则表现在非脂肪成份的增长方面。

表 5 – 4 非冰期训练女子健将和一级组运动员身体基本情况

组	阶 段	身高（厘米）	体重（千克）	体脂率（%）	非脂肪成份（千克）
健将组	过渡阶段	166.1 ± 3.46	63.5 ± 5.50	23.3 ± 2.29	48.7 ± 3.82
	基本阶段	166.1 ± 3.31	63.9 ± 4.29	22.2 ± 3.39	49.8 ± 4.09
	专项阶段	166.1 ± 3.65	64.3 ± 3.11	21.5 ± 3.19	50.4 ± 3.20
一级组	过渡阶段	167.9 ± 3.81	61.9 ± 3.86	23.2 ± 1.02	47.5 ± 2.95
	基本阶段	167.8 ± 4.26	63.5 ± 4.09	22.9 ± 1.76	48.9 ± 2.83
	专项阶段	168.8 ± 4.05	63.2 ± 4.03	22.3 ± 2.00	49.8 ± 2.88

（三）女子短距离和全能运动员无氧功的变化（表 5 – 5）

在非冰期训练各阶段，两组女子运动员的无氧功不存在组间差异（$P > 0.05$）。短距离组不同训练阶段的 An5 和以 An5 为基础的两个指数以及 An30 均呈增加趋势，但不存在明显差异（$P > 0.05$）；疲劳指数通过基本期的训练明显下降，专项阶段仍维持基本阶段水平。全能组专项阶段的 An5 非常明显的高于过渡阶段（$P < 0.01$），与基本阶段无明显差异（$P > 0.05$）；An30 在不同训练阶段均呈明显增加（$P < 0.01$；$P < 0.05$）；疲劳指数的变化情况同短距离组。不同阶段无氧功试验的血乳酸最高值无明显变化及组间差异（$P > 0.05$），但其出现的时间仅在短距离组有后延的趋势。

表 5 – 5 非冰期训练女子短距离和全能运动员的无氧功

组别	阶段	N	An5 瓦	An5/体重 瓦/千克	An5/FFM 瓦/千克	An30 瓦	疲劳指数%	血乳酸 mmol/L
短距离	过渡阶段	9	545.3 ± 111.5	8.63 ± 1.17	11.22 ± 1.57	463.2 ± 84.5	33.2 ± 4.78	10.2 ± 1.02
	基本阶段	8	586.1 ± 84.9	9.14 ± 0.83	11.74 ± 1.12	526.7 ± 87.1	21.8 ± 10.8	10.7 ± 0.62
	专项阶段	9	583.6 ± 85.9	9.18 ± 0.96	11.70 ± 1.25	514.4 ± 74.9	25.0 ± 8.75	9.6 ± 1.27

组别	阶段	N	An5 瓦	An5/体重 瓦/千克	An5/FFM 瓦/千克	An30 瓦	疲劳 指数%	血乳酸 mmol/L
全能	过渡 阶段	6	535.2 ±34.2	8.60 ±0.80	11.28 ±1.02	446.2 ±25.0	31.5 ±5.18	8.9 ±2.30
	基本 阶段	6	548.7 ±26.7	8.65 ±0.52	11.29 ±0.71	491.9 ±12.5	19.3 ±5.56	9.9 ±1.18
	专项 阶段	4	573.8 ±22.1	8.91 ±0.10	11.57 ±0.40	510.3 ±29.5	28 ±4.47	10.3 ±1.23

非冰期训练中，女子短距离和全能运动员的身体基本情况变化无时间和组间的差异（P > 0.05，见表 5 - 6）。

表 5 - 6　非冰期训练女子短距离和全能运动员的身体基本情况

组	阶　段	身高（厘米）	体重（千克）	体脂率（%）	非脂肪成份（千克）
短距离	过渡阶段	167.4 ±4.16	62.7 ±5.68	23.0 ±2.05	48.2 ±4.05
	基本阶段	167.6 ±4.43	63.8 ±4.79	22.0 ±2.93	49.8 ±3.72
	专项阶段	167.7 ±4.20	63.4 ±3.95	21.5 ±2.58	49.8 ±3.46
全能	过渡阶段	166.8 ±3.09	62.3 ±2.07	23.7 ±1.43	47.5 ±1.70
	基本阶段	166.5 ±3.18	63.5 ±3.27	23.4 ±1.72	48.7 ±2.22
	专项阶段	167.1 ±4.00	64.4 ±2.69	23.0 ±2.40	49.6 ±1.92

（四）500 米成绩与专项阶段无氧功指标的相关分析（表 5 - 7）

表 5 - 7　女子各组 500 米成绩与专项阶段无氧功指标的相关系数

组　别	N	500 米（秒）	An5（瓦）	An5/体重 （瓦/千克）	An5/FFM （瓦/千克）	An30 （瓦）	血乳酸 （mmol/L）
健将组	6	41.99 ±1.18	-0.796	-0.819 *	-0.427	-0.763	-0.156
一级组	7	44.88 ±0.68	-0.115	-0.414	-0.448	-0.093	0.254
短距离	9	43.16 ±1.34	-0.89 * *	-0.943 * *	-0.800 * *	-0.806 * *	0.448
全能组	4	44.14 ±1.34	0.194	-0.964 * *	-0.621	0.449	0.449
合并组	13	43.55 ±1.75	-0.765 * *	-0.876 * *	-0.739 * *	-0.664 *	0.170

* P < 0.05；* * P < 0.01

116

拳击与速度滑冰训练监控

在男子运动员中，500 米成绩与无氧功各指标无明显相关（P > 0.05）；在女子运动员中，500 米成绩与无氧功各指标的相关程度不尽相同。在短距离组和合并组中，各指标间均呈显著和非常显著的负相关关系（P < 0.05；P < 0.01）。健将组和全能组仅有 An5 和体重比指数与 500 成绩具有显著和非常显著的负相关关系（P < 0.05；P < 0.01）。一级组各无氧功指标与 500 米成绩不具有显著的相关关系（P > 0.05）。

遵照统计学的要求，我们以女子合并组的数据为基础进行回归分析，确定以 AN5 体重指数为自变量的方程式为运动成绩预测模型（Y = 61.19 − 1.94 × An5 体重指数）。该模型的估计标准误（SEE）为 0.2140，回归系数的标准误为 0.0771，具有非常显著的统计学意义（P < 0.001）。

四、讨 论

（一）女子速滑运动员无氧功的特点

同国内其他运动项目比较（表 5 − 8），本研究的女子速滑运动员的无氧功非常明显地高（P < 0.01）。

表 5 − 8　不同项目女子运动员无氧功比较

项　目	样本量	年龄（岁）	身高（厘米）	体重（千克）	AN5（瓦）	An5 体重指数（W/Kg）	作　者
游泳	6	16.2 ± 2.8	169 ± 5.8	57.5 ± 4.6	361 ± 27	6.3 ± 0.8	许帆等
赛艇	11	17.4 ± 1.1	175.1 ± 4.7	65 ± 6.2	451 ± 38.1	6.69 ± 0.23	许帆等
中长跑	6	15.5 ± 1.4	160.5 ± 5	46.8 ± 6.8	301 ± 29	6.5 ± 0.8	许帆等
速滑	13	20 ± 3.42	167.5 ± 3.97	63.7 ± 3.53	580 ± 71.1	9.09 ± 0.79	本　文

众所周知，速度滑冰是借助器械在冰上进行的一种独特的冬季项目。在运动过程中，主要由下肢和躯干的肌群作功。因此，大多数速滑运动员是以其发达的大腿和臀部肌肉为典型身体形态特征。另外，从代谢的角度来看，速度滑冰又是一项无氧代谢供能为主的运动项目。这就

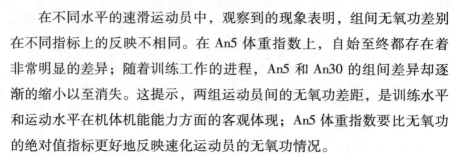

构成了女子速滑运动员无氧功非常明显地高于其他项目女子运动员的物质基础。速滑运动员具有高水平的无氧功是该项目的重要特点之一。

在不同水平的速滑运动员中，观察到的现象表明，组间无氧功差别在不同指标上的反映不相同。在 An5 体重指数上，自始至终都存在着非常明显的差异；随着训练工作的进程，An5 和 An30 的组间差异却逐渐的缩小以至消失。这提示，两组运动员间的无氧功差距，是训练水平和运动水平在机体机能能力方面的客观体现；An5 体重指数要比无氧功的绝对值指标更好地反映速化运动员的无氧功情况。

在不同项目的女子速滑运动员中，没有观察到无氧功方面所存在的差异。这是否表明，不同项目速滑运动员的训练，都应以提高他们的无氧功为共同目标。在训练中，通过不同的训练手段和方法，满足各项目本身对无氧功要求。

男子速滑运动员的无氧功明显高于女子速滑运动员（表 5 - 2、表 5 - 8），具有非常明显的性别差异（P < 0.01）。

（二）非冰期训练无氧功的变化

非冰期训练中无氧功的测试结果表明，男子运动员两个阶段的训练其无氧功基本不存在明显变化（P > 0.05）。

女子运动员的测试结果表明，一级组和全能组运动员的 An5 和 An30 有明显地增加，但是从每千克体重或者每千克非脂肪成份所输出的无氧功相对值分析，她们却未能通过非冰期训练使无氧功得到提高；健将组和短距离组的非冰期训练，无氧功虽有增加的趋势，但各指标未能达到在统计学上具有显著性意义的提高。

机体无氧功的提高，是训练对机体产生作用的综合表现，也是以无氧代谢为主的各体能性项目训练所追求的总目标。国外利用无氧功指标来指导速滑训练实践，已有数年的历史。这类指标的应用，导致了世界各速滑强国长期保持高水平运动成绩的现实。在训练中，他们由单纯追求滑跑速度的提高，转向通过提高运动员机体无氧功来最终实现滑跑过程的高速度。这方面的研究结果还表明，具有较大无氧功的速滑运动员，还可以不同程度的弥补自己滑跑技术的不足。

本研究观察到的非冰期训练没有能够使速滑运动员无氧功得到提高的现象，在某种程度上可能说明了训练中所采用的方法和手段对提高运动员无氧功存在一定的差距。优秀速滑运动员的无氧功起点较高，进一步的提高可能要经过相当长的时间，但是，这是否是我们训练方面的有关研究落后于世界速滑强国所导致的训练实效性较差的结果，还有待于进一步地研究。

（三）无氧功与 500 米成绩的相互影响

无氧功各指标均与全体女子速滑运动员本年度 500 米最好成绩具有明显的负相关关系。在男子速滑运动员和不同组的女子速滑运动员中，由于竞技水平等因素的影响，某些指标没有能同 500 米成绩得出良好的相关关系。考虑到无氧功指标的实际意义和统计学的基本要求，我们以距离比赛时间最近的全体女子受试对象无氧功测试数据为基础，进行回归分析。结果仅有以 An5 体重指数为自变量的回归方程同时具有较低的 SEE 和非常显著的回归系数。通过这个成绩预测模型可以推测，女子速滑运动员的 An5 体重指数每变化 1 瓦/千克体重，500 米滑跑成绩可以产生 4.4% 的变化。这进一步证明，无氧功对运动成绩具有非常重要的影响。本研究认为，无氧功指标应该成为制定训练计划、评定训练效果和预测运动成绩的重要依据。

五、小　结

● 男女速滑运动员间存在明显的性别差异；女子速滑运动员的无氧功普遍地高于其他项目女子运动员。

● 不同水平的女子运动员间无氧功存在明显的差别；女子速滑运动员的无氧功不具有项目间的差异。

● 在各无氧功指标中，An5 体重指数能够更客观地描述速滑运动员的无氧功状况。

● 通过非冰期的训练，速滑运动员的无氧功虽呈增加趋势，但是未能达到统计学上的显著意义。这表明，非常有必要就无氧功发展的时间规律和提高优秀速滑运动员无氧功的训练手段进行进一步的研究。

● 女子速滑运动员无氧功某些指标与 500 米滑跑成绩具有非常显著的相关关系。

● 速滑运动员无氧功的评定，应该成为制定训练计划、评定训练效果和预测运动成绩的重要依据。

主要参考文献

1. Forster, c., et al, 1991：Speed skating physiology. University Press, Wisconsiun Milwakee

2. Ayalon, A., et al, 1974：Relationships among measurements of explosive strength and anaerobic power. In RC Nelson and CA Morehouse（Eds）International series on sport sciences, vol. 1. Biomechanic IV：572~577, University Press, Baltimore

3. 浦钧宗等, 1989 年：优秀运动员机能评定手册：85~86 页. 人民体育出版社

4. 许帆等, 1989 年：游泳、中长跑运动员无氧功测定, 体育科学（2）：60~62 页. 中国体育 科学学会

5. 许帆等, 1990 年：赛艇运动员无氧功能测定, 国家体委体育科学研究所学报：33~37 页. 国家体委体育科学研究所

6. Ingen Schenau, et al, 1987：On the technique of speed skating, Int. J. Sport Biomechan（3）：419~431

7. 根本勇等, 1985：有酸素性作业能力とスピヘド・スケヘト竞技成绩との关系. J. J. Sports Sci.（4）：781~786

8. 根本勇等, 1988：血中乳酸浓度からみにスピヘド・スケヘトの陆上トレヘニソ グの运动强度. スポヘッ医・科学（2）：43~52

第六章 与能量代谢相关血清酶的变化

第一节 不同训练阶段优秀速滑运动员某些
血清酶活性变化的特点

一、前 言

许多学者已经报道运动训练可以导致血清酶活性增高。动动负荷强度和持续时间、动动类型、训练水平等因素，都可以影响动动后血清酶活性增加的程度。有关这方面的研究，以动动引起肌酸激酶（CK）、乳酸脱氢酶（LDH）、天冬氨酸氨基转移酶（AST）和丙氨酸氨基转移酶（ALT）活性变化的报道最多。尽管运动对血清酶活性影响的研究越来越深入，但研究中的实验因素大多限于某种特定方式的一次性急性或慢性运动。有关优秀运动员在训练过程中血清酶活性变化规律的报道尚不多见。

Janssen 曾以个案研究的方式，报道了 4 名速成滑运动员参加 200 千米超长速滑比赛前、后 4 次血清 CK 和 AST 活性变化测定结果。荆树森等在一项综合性研究中，报道了青少年速滑运动员血清 CK、LDH 和 AST 的活性变化情况。到目前为止，未见到正常运动训练过程中，有关优秀速滑运动员血清酶活性变化情况的研究报道。

本研究的目的，在于探讨自然训练过程中，优秀速滑运动员血清酶活性变化的情况，为这类指标能够应用于监测和控制速滑运动训练过程，提供基本依据。

二、对象与方法

(一) 对　象

14 名健将级速滑运动员为本研究的对象（男子 5 名，女子 9 名）。他们的基本情况列于（表 6 - 1）。

表 6 - 1　研究对象的基本特征

性别	年龄（岁）	身高（厘米）	体重（千克）
男	21.6 ± 3.65	180.7 ± 4.73	75.0 ± 4.78
女	20.9 ± 3.59	167.1 ± 3.25	64.3 ± 2.96

(二) 方　法

在全年训练中，分别在开始全年训练前、准备训练阶段、基本训练阶段、专项训练阶段和赛季后休息调整段进行 5 次实验测试。每次测试均安排在向下一个阶段过渡的调整期末。

血样采集：清晨空腹状态下，由肘正中静脉采血 2ml，离心取血清，8 小时内进行血清酶活性测定。

分析仪器与方法：分析仪器采用 ROCHE 公司（瑞士）生产的 CO-BAS FARA 自动分析仪。试剂和质量控制血清由 TRACB 公司（澳大利亚）提供。血清酶活性的测定方法，采用国际临床化学学会（IFCC）推荐的相应紫外线外速率法。

身体成分和无氧功测定：在采血的同时，用 BIA—310 身体成分分析仪（美国）测定受试对象的身体成分；采血后的一周内，用 Monark 自行车测功计按 Wingate 试验的标准方法，测定受试对象的 30 秒无氧功。

(三) 统计分析

应用 SAS 医用统计软件包（美国 SAS 研究所）中的变量分析程序，对全部数据进行相应的统计分析。

三、结　果

（一）不同训练阶段血清酶活性

（表6-2）列出男女优秀速滑运动员在全年训练不同阶段4种血清酶的测定结果。全年训练开始前与赛季结束调整阶段的各血清酶活性相同（P>0.05）。在不同训练阶段，以基本训练阶段结束时血清酶活性最大，呈现以该中心逐渐递减的趋势。

表6-2　不同训练阶段优秀速滑运动员血清酶活性（U/L）

阶段	性别	CK	LDH	AST	ALT
全年训练前	男	55.0±35.1	66.5±17.9	17.7±4.4	10.8±4.8
	女	89.7±22.0	62.2±16.7	16.8±13.4	11.7±4.7
准备训练阶段	男	73.6±14.5	69.5±20.5	15.6±4.7	7.5±3.8
	女	77.2±21.9	86.7±9.0	17.1±2.3	9.0±2.2
基本训练阶段	男	130.1±117.2	85.0±12.9	18.2±3.6	13.7±4.0
	女	172.0±170.6	111.9±19.2	25.1±7.2	16.7±4.4
专项训练阶段	男	79.7±13.5	65.3±11.3	13.2±2.8	10.8±4.3
	女	103.9±76.3	87.5±21.0	19.1±16.7	13.2±3.5
赛季结束调整阶段	男	82.8±12.3	65.6±10.3	17.2±3.1	11.2±2.6
	女	119.7±91.0	64.7±17.1	16.7±6.3	11.4±4.3

不同训练阶段，血清酶活性变化 的情况有所不同。CK 的活性随训练阶段的变化呈现波动，但不存在明显的统计学差异（P>0.05）。基本训练阶段中，男子优秀运动员的 LDH 活性，明显高于专项训练和赛季结束调整阶段（P<0.05）；AST 明显高于专项训练阶段（P<0.05）；ALT 明显高于准备阶段（P<0.05）；其他训练阶段血清酶活性的变化，无明显统计学差异（P>0.05）。在女子优秀运动员中，各训练手段 LDH 的活性变化，除准阶段与专项阶段和开训前与赛季结束后不存在明显差异外（P>0.05），其它各阶段间均存在明显或非常明显的差异（P<0.05，P<0.01）；基本训练阶段的 AST 活性，明显或非常明显地

高于准备阶段和赛季结束后调整阶段（P<0.01，P<0.05）；基本训练阶段的 ALT 活性，明显高于开训前、准备训练阶段和赛季结束后的调整阶段（P<0.05）；专项阶段的 ALT 活性也明显高于赛季结束调整阶段（P<0.05），其它训练阶段间的 ALT 活性变化无明显差异（P>0.05）。

优秀运动员各阶段血清酶活性的性别差异，在 CK 中出现在开训前（P<0.05）；在 LDH 中出现在准备阶段，基本阶段以及转项阶段（P<0.05，P<0.01），各阶段的 AST、ALT 以及 CK 和 LDH 的其他阶段酶活性，无性别间差异（P>0.05）。

（二）不同训练阶段身体成分和无氧功

3 个不同训练阶段的身体成分和无氧功测试结果列于（表 6 - 3）。两类指标在相同性别不同阶段间，不存在明显差异（P>0.05）；性别间各阶段的身体成分和无氧功均具有非常明显的性别差异（P<0.05）。

表 6 - 3 不同训练阶段速滑运动员的身体成分和无氧功

阶　　段	性别	体脂率（%）$\overline{X} + SD$	最大无氧功（W）$\overline{X} + SD$
准备训练阶段	男	10.80 ± 4.33	804 ± 62.3
	女	23.81 ± 1.82	585 ± 66.8
基本训练阶段	男	9.72 ± 1.96	775 ± 54.3
	女	22.06 ± 2.93	585 ± 73.2
转项训练阶段	男	9.07 ± 2.30	811 ± 77.0
	女	21.71 ± 2.73	610 ± 63.6

（三）血清酶与身体成分和无氧功的相关分析

（表 6 - 4）列出 3 个训练阶段血清酶、身体成分和无氧功间的相关系数，是将准备、基本和专项 3 个训练阶段的指标进行相合并后得出的。在女子优秀运动员中，CK 和 ALT 活性与体脂率呈非常明显和明显的负相关关系（P<0.01，P<0.05）；CK 与无氧功呈非常明显的正相

关关系（P<0.01）。CK 和 LDH 与 AST 和 ALT 活性间呈明显的正相关关系（P<0.05，P<0.01），AST 与 ALT 活性间也呈明显的正相关关系（P<0.05）。在男子优秀运动员中，未见到体脂率、无氧功与血清酶活性具有相关关系（P>0.05）。各血清酶中，LDH 与 AST 和 ALT 以及 ALT 具有非常明显的正相关关系（P<0.01）。

表6-4　各指标间的相关系数

指　标	CK	LDH	AST	ALT	体脂率	最大无氧功
CK	—	-0.22	0.03	0.05	-0.06	0.37
LDH	0.30	—	0.77**	0.66**	-0.001	0.25
AST	0.65*	0.51**	—	0.65**	-0.05	0.19
ALT	0.48*	0.44**	0.43*	—	-0.16	0.29
体脂率	-0.42**	-0.11	-0.23	-0.40*	—	0.53
最大无氧功	0.55**	-0.04	0.22	0.04	-0.19	—

上三角区为男运动员各指标相关结果，N=15；

下三角区为女运动员各指标相关结果，N=27。

*p<0.05；**p<0.01

四、讨　论

CK 广泛分布在细胞胞浆和线粒体内，催化生成 ATP 的反应。LDH 存在于所有的体细胞中，催化乳酸和丙酮酸间的转化反应。AST 和 ALT 主要分布在肝脏/心肌/骨骼肌和肾脏之中，通过催化相应的底物转氨基，为尿素循环提供氮源。在这种转氨基反应过程中，生成的某些产物可以被再利用，运动使它们在血清中的水平增加，一般认为是运动过程中细胞膜通透性增加的结果。

速滑运动训练所涉及的运动类型种类繁多。本研究观察到的血清酶活性变化，是不同类型运动对机体综合作用的结果。各次测试之所以安排在调整周的后期，就是力图减缓在此之前训练课中某种特定类型的大强度运动的影响。

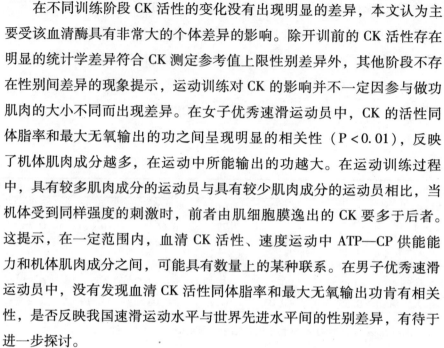

在不同训练阶段 CK 活性的变化没有出现明显的差异，本文认为主要受该血清酶具有非常大的个体差异的影响。除开训前的 CK 活性存在明显的统计学差异符合 CK 测定参考值上限性别差异外，其他阶段不存在性别间差异的现象提示，运动训练对 CK 的影响并不一定因参与做功肌肉的大小不同而出现差异。在女子优秀速滑运动员中，CK 的活性同体脂率和最大无氧输出的功之间呈现明显的相关性（$P < 0.01$），反映了机体肌肉成分越多，在运动中所能输出的功越大。在运动训练过程中，具有较多肌肉成分的运动员与具有较少肌肉成分的运动员相比，当机体受到同样强度的刺激时，前者由肌细胞膜逸出的 CK 要多于后者。这提示，在一定范围内，血清 CK 活性、速度运动中 ATP—CP 供能能力和机体肌肉成分之间，可能具有数量上的某种联系。在男子优秀速滑运动员中，没有发现血清 CK 活性同体脂率和最大无氧输出功肯有相关性，是否反映我国速滑运动水平与世界先进水平间的性别差异，有待于进一步探讨。

基本训练阶段血清 LDH 活性明显高于其他训练阶段（表 6 - 2）。这个现象在某种程度上可能说明，机体无氧乳酸供能系统在基本训练阶段所受到的刺激最大。此阶段的训练，有可能对乳酸代谢供能系统能力的改善起重要作用。在准备、基本和专项训练阶段，血清 LDH 活性性别间存在的差异，应该同速度滑冰训练要充分考虑到男女比赛项目设置的不同而进行的针对性训练有关。在相关分析中，男女优秀运动员的血清 LDH 活性均同血清 AST 和 ALT 呈现明显和非常明显的正相关关系（表 6 - 4），与有关报道相同。血清 AST 和 ALT 与 LDH 具有相似的变化规律，以及 AST 和 ALT 间具有非常明显的正相关关系，其意义尚不清楚。

为了进一步探讨不同项目速滑运动员血清活性的情况，本研究将 5 次测试结果合并，按不同性别、短全能和大全能的专项标志重新分组统计，结果列于（表 6 - 5）中。

表 6 – 5 不同项目速滑运动员血清酶活性的比较 (U/L)

性别	项目	N	CK	LDH	AST	LDH
女	短全能	30	116.9 ± 114.4	90.6 ± 30.7	20.1 ± 9.28	12.1 ± 5.57
	大全能	15	70.4 ± 20.3	100.7 ± 30.0	15.7 ± 8.10	12.5 ± 2.63
男	短全能	15	156.2 ± 135.4	86.4 ± 43.8	19.4 ± 2.99	11.2 ± 3.67
	大全能	10	77.2 ± 38.1	83.0 ± 27.0	16.1 ± 6.71	11.0 ± 4.34

血清 CK 的活性,有短全能高于大全能的趋势,但无明显统计学的差异 (P > 0.05)。不同项目男子速滑运动员的血清 LDH、AST 和 ALT 也不存在明显统计学差异 (P > 0.05)。从不同项目统计数据分析,短全能项目运动员血清 CK 活性值分布的离散度明显大于大全能项目运动员。本研究认为,这个现象反映着短全能和大全能项目训练对机体产生的效果存在差别。从大全能比赛项目特点来看,它包括短、中、长距离的 4 项比赛。大全能运动员不但应该具有良好的长距离项目的代谢能力,同时还应该具有短全能运动员所具有的良好无氧供能代谢能力。因此,在血清 CK 活性方面,似乎不应该有项目间的差别存在。这是否预示着对大全能速滑项目特点的认识不足,有待于进一步探讨。

不同文献所报道的血清酶参考标准相差很大。本研究所测试的 4 种血清酶活性基本未超过不同文献报道的上限值。

五、小 结

● 通过对 14 名优秀速滑运动员不同训练阶段血清酶活性的测定,证明血清 CK、LDH、AST 和 ALT 活性可随训练阶段的不同发生一定程度的变化。基本训练阶段各种血清酶的变化比其他训练阶段明显,提示该阶段训练对改善 ATP—CP 和无氧乳酸供能能力可能具有重要的作用。女子优秀速滑运动员的 CK 活性变化与体脂率和最大无氧输出功的变化存在某种数量上的联系。不同训练手段对运动员机体产生的影响,在 CK 活性方面有短全能运动员高于大全能运动员的趋势。

● 初步研究的结果表明,非常有必要在速滑运动训练过程中对这类血清酶进行全面、深入的研究。

主要参考文献

1. 杨树人译：速度滑冰论文集．冰雪运动．增刊，1992

2. 荆树森等：中国速滑运动员的机能特点与选材．东北师范大学，1990

3. Gomez P., et al: Normal reference. Intervals for 20 biomechemical variables in health infants, children, and adolescents, Clin. Chem., 30；407～412，1984

4. Haralambie, G., et al; Physiological and metabolie effeets of a 25KM race in female athletes. Eur. J. Appl. Physiol. 47；123～131，1981

5. Nuttall, FQ., et al; Creating Kinase and glutamine trens aminase activity in serum; Kineties of change with exercise and effect of physical comditioning. J. Lab. Clin. Med. 1968（71）847～854

6. Tildus P., and Ianuzzo CD.：Effects of intensity and duration of muscular exercise on delayed soreness and serum enzyme activities, Med. Sci. Spouts Exere., 15：461～465，1983

7. Song TMK.：Effect of exereise on serum engyme, Can. J. Appl. Sport Sei., 8：210，1983

8. Song TMK.：Effect of anaerobic exercise on serum engyme young athlctcs. J. Sports. Med. Phys. Fitnees. 30：138～141，1990

9. 姚磊等：医用常用数据手册．中国广播电视出版社．1988

10. 林其燧等译：临床化学诊断方法大全．北京大学出版社．1990

11. 徐晓利等译：生物化学．人民卫生出版社．1988

12. 玉淑霞等译：人类疾病生物化学．人民卫生出版社．1988

13. 全国体育学院教材委员会：运动生物化学．人民体育出版社．1990

拳击与速度滑冰训练监控

128

第二节　拳击运动员血清肌酸激酶变化的基本特征

一、测试方法

每周一晨或重点训练课次日晨空腹状态下采末梢血进行检测。分析方法为酶偶联动力学法。

二、应用与评价

一般认为，正常 CK 活性与人体肌肉总量有关，肌肉发达者 CK 活性较高。CK 几乎存在于所有组织中，但只在骨骼肌、心肌和脑组织中有很高含量，因此，任何类型的运动都可因肌细胞膜通透性增大或微小损伤而造成运动员血清肌酸激酶活性升高。拳击运动员中血清肌酸激酶活性的检查不但可以反映机体的机能状况和水平，而且也可以用来评定运动训练的效果。如若某一个体在高强度运动负荷后血清肌酸激酶活性变化明显低于同一群体其他人，提示该运动员所完成训练的质量或所处的训练状态有问题，应当引起重视。从（图 6 - 1）可以看出拳击运动员全年不同阶段训练血清肌酸激酶活性的变化趋势。

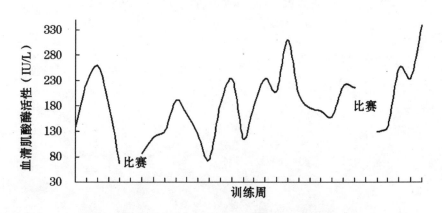

图 6 - 1　拳击运动员全年训练血清肌酸激酶活性变化趋势

三、参考范围

表 6 – 6　我国拳击运动员全年训练血清肌酸

激酶活性平均值及普通人正常值（37℃）

对象	N	年龄	CK （IU/L）
拳击运动员	228 人次	20. 43 ± 2. 44	179. 80 ± 123. 94
普通人	–	成人	24 ~ 195

第七章 速滑项目常用
训练手段与血乳酸

在运动训练中，血乳酸浓度的测定已经成为掌握运动强度、评定机体对训练的适应程度和估价运动能力的重要方法。物质和能量代谢是各组织器官机能活动的基础。在很大程度上，运动训练就是通过不同的训练方法和手段对机体所产生的规律性作用，来改善运动员的物质和能量代谢过程，以提高运动能力。因此，如何客观地监督和控制运动中特异能量代谢过程，便成为运动训练中的一个重大任务。这种监督和控制的意义，就是使训练中的运动负荷具有更强针对性和合理性。盲目地施加负荷不但不能使运动员获得必需的专门能量，而且会摧残机体的正常功能。

人体运动时能量输出的基本过程为无氧代谢过程和有氧代谢过程。乳酸是运动时物质和能量代谢体系中一个重要的中间产物。不同训练手段所导致血乳酸浓度发生的变化，都与完成这种运动所动用的能量系统有关。因此，本项目在 3 年的时间里，采用血乳酸指标，对我国解放军速滑队、国家速滑集训队和国家奥运会速滑集训队 10 名高级教练员和 4 名中级教练员所完成的 493 次训练课进行了监测。目的在于深入了解常用训练手段及安排上的变化会对机体动用的能量系统产生什么样的影响，探索其基本规律。

按照运动训练学理论，本项目所提及的训练手段，是指"训练中所选用的身体练习和训练方法及其所组成的训练方案的总合。"陆上训练是指冰期和非冰期所有在陆地上完成的各种训练；冰上训练指冰期的纯粹冰上训练。

一、对象和方法

（一）对　象

44 名优秀速滑运动员为本项目研究对象，其中男运动员 11 名（运动健将 9 名，一级 2 名；平均年龄 20.31 ± 2.65 岁），女运动员 33 名（国际运动健将 1 名，运动健将 20 名，一级运动员 12 名；平均年龄 21.64 ± 2.03 岁）。

（二）方　法

主要仪器及试剂：YSI 23L 血乳酸分析仪和 YSI 2300L 血乳酸分析仪；标准液由美国 YSI 公司提供，缓冲液和酶膜分别来自美国 YSI 公司和山东生物制品研究所。

血样采集及分析：在运动后按不同时间由耳缘采集动脉化耳血，按改良酶电极法进行血样分析。

强度指标的采集：根据训练手段的不同，现场收集并记录时间、频率等与运动训练强度有关的数据。

（三）统计处理

本项目收集 1047 人次共 3325 个血乳酸样品（男 843、女 2982）。分别将相同的训练手段归类后进行常规统计。

二、结果与讨论

（一）陆上训练

1. 自行车

速滑运动员所采用的自行车训练手段，按使用器材和环境的不同，可分成场地自行车、公路自行车、固定自行车和坡路自行车训练 4 种。国内外众多教练员和学者们都认为，自行车这种训练手段所动用的肌群和身体姿势更接近速滑的专项特点。因此，在训练实践中，长时间的自行车骑行训练，已经成为每一大周期过渡阶段和基本阶段改善机体有氧代谢能力必不可少的训练手段。国外的一些优秀运动员甚至在比赛季节的训练中，也安排相当数量的长时间骑行自行车的内容。（表7-1）所列我国优秀速滑运动员自行车训练手段的监测结果，明显地表明较长时间骑行时，机体以有氧代谢系统供能为主。这证明长时间自行车耐力训练的作业时间不应少于45分钟论点。在公路骑行过程中，运动员一般是结队而行。领骑者要克服较大的阻力，因此，后面的运动员遇到的阻力要小的多。在同样骑行速度的要求下，后面运动员是以动用有氧代谢供能为主，而领先者却动用有氧—无氧混合代谢提供能量。在公路自行车训练过程中观察到，尽管教练员十分强调轮流领骑以消除这类影响，但在一次训练中，领骑者大多由一个人担任，这就造成了我们测得血乳酸个别值较大的结果。

表7-1 不同内容自行车训练的血乳酸浓度和平均速度

性别	内　　容	N	血乳酸(mmol/L) $X \pm SD$	速度(米/秒) $X \pm SD$
男	1. 公路自行车 40~80 千米	19	3.21 ± 2.07	7.65 ± 0.69
	2. 公路自行车 5 千米×6	6	4.30 ± 1.51	16.65 ± 2.26
女	3. 公路自行车 35~60 千米	33	4.96 ± 2.71	10.00 ± 1.04
	4. 固定自行车 50~60 千米	7	2.20 ± 0.75	8.10 ± 1.18
	5. 坡路自行车 200~500 米	14	8.69 ± 2.08	6.72 ± 0.98
	6. 场地自行车 15 圈	16	5.80 ± 2.43	9.29 ± 0.27
	7. 场地自行车 10 圈×2	17	7.29 ± 2.31	9.60 ± 0.30
	8. 场地自行车 7 圈×2	16	7.11 ± 2.01	9.93 ± 0.40
	9. 场地自行车 5 圈×3	27	8.17 ± 2.47	10.38 ± 0.36
	10. 场地自行车 3 圈+2 圈+1 圈×2	14	8.98 ± 3.46	11.98 ± 0.28
	11. 场地自行车 3 圈×3（间歇）	27	9.12 ± 2.88	11.11 ± 0.62
	12. 场地自行车 2 圈×2（间歇）	11	9.60 ± 3.45	12.01 ± 0.73
	13. 场地自行车 1 圈×3（间歇）	21	11.75 ± 3.16	12.93 ± 0.77
	14. 场地自行车 短冲150 米×2	8	9.53 ± 2.34	16.64 ± 2.30

注：场地自行车为333 米/圈

在传统长时间自行车骑行训练手段的基础上，教练员们又在自行车训练的难度和手段变化方面进行了深入的探索。近年的训练中，出现了短距离速滑选手进行无氧代谢和有氧——无氧代谢供能训练的坡路和场地自行车训练手段（见表7－1）。这些手段就其运动时动用的物质和能量代谢体系以及参与做功的肌群和身体姿势，更接近短距离选手冰上训练的专项特征，可以为非冰期陆上训练的专项化提供了有效的途径。

坡路自行车训练选择在坡度变化平缓（7～10°）的油渣路面上实施。该手段训练距离的确认，是以短距离选手比赛项目的时间特点为依据。200米、300米和500米距离的坡路自行车训练，所需的时间分别相当于400米、500米和1000米全速滑跑的时间（28″－1′35″）。在本项目开展工作之前，教练员根据运动员在完成这一手段时，可以接近或达到本人最大心率的现象和运动后的主观感觉，认为这种坡路自行车训练可能使运动员机体内的乳酸值达到较高水平。通过监测表明，这种坡路自行车训练手段就其负荷性质和运动后主观感觉来说，属于大强度训练。负荷后的即刻心率平均为198.3±12.9次/分（N＝15），最高者可达到210次。但从负荷后血乳酸的分析结果来看，无论血乳酸峰值的时间分布还是其绝对浓度，都证明这个训练手段的短程训是一个典型的以无氧代谢中磷酸原代谢类型为主的速度训练。血乳酸峰值出现在负荷后3～5分钟以内。负荷后3分钟平均血乳酸浓度为8.62±1.98mmol/L，负荷后5分钟平均血乳酸浓度升至9.0±1.12mmol/L，负荷后7分钟平均血乳酸浓度降到8.6±1.62mmol/L。为了提高坡路自行车训练的效果，用一档（大轮）变速轮骑行为佳。蹬动频率越快，肌肉收缩速度越快。如果用高档（小轮）变速轮骑行，频率慢，用力程度大，肌肉收缩速度慢，甚至会因坡度的阻力较大而被迫中断骑行，这将极大地限制速度能力的发展。

按照不同手段所动用的物质和能量代谢体系，根据监测结果将场地自行车训练手段分成3类，手段6～9的平均血乳酸浓度为7.10±2.57mmol/L，为发展最大有氧能力的耐力性训练，属有氧—无氧混合代谢类型；手段10～13的平均血乳酸浓度为10.20±2.29mmol/L，是一类发展糖酵解能力的速度耐力性训练，属无氧代谢类型；手段 14 的平均血乳酸浓度为 $9.53 \pm 2.34 mmol/L$（$N = 8$），是一种发展速度的训练手段，属磷酸原和糖酵解混合代谢类型。

近年来，随着速滑训练条件的改善，速滑运动员自行车训练中的速度和速度耐力性训练，可以在室内借助固定自行车实现。（表 7－2）列出我们对某短距离组的固定自行车速度性训练的监测结果。由于采用 Monark 818 固定自行车，可以通过液晶显示屏将不同手段各强度指标显示出来，非常有利于强度的控制，并可以直接通过机体做功的大小对训练进行评定。

表 7－2　优秀女子速滑运动员固定自行车速度和
速度耐力训练的血乳酸浓度、强度和心率

内　　容	N	阻力 (KG)	转数 (转/分) $X \pm SD$	功率 (瓦) $X \pm SD$	血乳酸 (mmol/L) $X \pm SD$	心率 (次/分) $X \pm SD$
1. 88 秒 ×2 (间歇 5 分)	4	3	119.0 ±14.2	355.3 ±41.7	8.78 ±2.54	176.0 ±1.4
2. （50 秒 + 25 秒）×3	9	2 + 3	136.7 ±7.1	358.3 ±46.7	6.40 ±2.35	174.7 ±1.5
3. 55 秒 ×2 (间歇 5 分)	4	3	147.0 ±6.5	439.3 ±18.2	12.83 ±1.87	174.5 ±5.7
4. 26 秒 ×2 (间歇 5 分)	4	3	171.8 ±21.9	512.0 ±67.5	13.80 ±2.03	169.0 ±3.2
5. 12 秒 ×1	4	3.1	155.0 ±4.8	572.5 ±20.5	7.50 ±2.55	163.4 ±4.6
6. 10 秒 ×5 (间歇 30 秒)	15	3	201.3 ±14.4	669.0 ±134.8	7.70 ±1.48	165.0 ±7.8
7. 8 秒 ×5 (间歇 20 秒)	15	4	179.3 ±25.5	712.7 ±87.9	7.40 ±1.21	161.3 ±6.1

手段 1 和 2 是按照 1000 米项目的作业时间进行练习，为有氧——无氧混合代谢供能，有利于发展一般性耐力。手段 3 持续作业时间小于 1000 米的滑跑时间，由于骑行的频率非常明显地超过手段 1 和 2（$P < 0.01$），且负荷阻力持续为 3 千克，所以平均血乳酸浓度也明显高于手

段 1 和 2，是一种良好的速度耐力训练手段，属无氧糖酵解代谢类型供能。完成这个手段机体所做的功虽然略高于前 2 个手段，但不具有统计学上的显著性差异（P＞0.05）。手段 4 以非强化间歇训练的方式实施，由于骑行频率非常明显地高于手段 3，虽然供能的代谢性质相同，因该手段持续作业时间短，可能以速度性训练为主。手段 5～7 在持续作业时间、骑行频率、平均血乳酸浓度和做功几个方面都表明它们是比较典型的速度性训练。运动所需能量由无氧代谢体系中磷酸原代谢类型和糖酵解代谢类型的代谢共同供给。固定自行车训练中由于可以在室内完成，在很大程度上避免了在公路、场地等环境下可能发生的意外事故，安全性好。另外，这类训练可以较为准确地控制负荷强度，有利于提高训练的实效性。

综上所述，自行车常用的 21 种训练手段可以归成 4 类，即：（1）有氧能力训练 具体手段包括公路自行车训练和长时间固定自行车无阻力骑行训练。这种手段在安排上要充分注意到连续作业的时间不得少于45 分钟。公路自行车 5 千米×6 组的安排虽然可以得到分段距离的高速度，由于监测数据较少，难以作出合适分析；（2）速度性训练 具体手段包括坡路自行车 200 米以内、场地自行车的短冲训练和固定自行车训练手段 4～7。速度训练的负荷强度大，在代谢上属于磷酸原和糖酵解混合代谢类型；（3）最大有氧能力训练或一般耐力性训练 具体手段包括固定自行车训练手段 1 和 2 以及 1500 米～5000 米距离的场地自行车重复训练。这类手段所能达到的血乳酸值一般小于 8mmol/L；（4）速度耐力性训练 具体手段包括固定自行车训练手段 3、场地自行车 300 米—1000 米距离的间歇训练和在这个距离范围内各种安排。这类手段的平均血乳酸浓度一般超过 10mmol/L，在代谢上属于糖酵解类型。

2. 屈 走

屈走，又称屈腿走、屈膝走。主要用于基础训练和身体机能训练。由于屈走是通过直接后蹬来推动身体前进，所以尽管屈走身体姿势、两臂摆动的协调节奏以及收腿动作同滑冰的动作极为相似，但也只能被限制在基础训练阶段做为提高机体能力的手段来加以运用。有关这种手段应用方面详细的论述认为，徒手屈走在间歇性耐力训练方面最有效；通过小场地速度耐力屈走是进行无氧代谢训练的最好方法。这个手段传入国内速滑界后，众多教练员一直以这个论点为依据，在基础训练阶段按霍拉姆提供的屈走训练范例进行实际应用。

（1）场地徒手屈走

通过对不同内容和要求的徒手屈走手段监测发现，无论是以步频、时间，还是以距离为强度指标安排的徒手屈走，无论是连续性训练、重复性训练，还是间歇训练，无论是男性还是女性的优秀速滑运动员，无论负荷中的最高心率为 148 次/分，还是 192 次/分，负荷后的血乳酸大多在 4mmol/L 左右（表 7 - 3）。在以高频率完成屈走或是长时间屈走时，由于频率过快或者参与屈走的肌群出现疲劳后，运动员很难保持髋部的水平移动，无益于改进技术动作，有违运用这一手段的初衷。

表 7 - 3　不同内容徒手屈走的血乳酸浓度以及负荷中的最高心率

内　　容	N	血乳酸(mmol/L) $X \pm SD$	心率(次/分) $X \pm SD$
1.8 ~ 20 分钟			
2.2 分钟 × 10 × 2 间歇			
3.（30 秒快 + 30 秒慢跑）× 20			
4.3 ~ 5 圈	50	3.98 ± 1.93	171.5 ± 10.6
5.（1/2 圈 + 1/2 圈慢跑）× 5 × 3 间歇			
6.50 米 × 8 组间歇			
7.4 分 × 5 间歇（80 米/圈）			

鉴于徒手屈走单一手段的持续时间都在 30 秒以上，可以推断在运动中所动用的物质和能量代谢系统属于有氧代谢体系。增加强度和时间又无益于形成良好的技术动作，当教练员接到我们的反馈信息后，又在徒手的难度和手段内容安排上进行了变换。

（2）坡路负重屈走

选择坡度起伏较小油渣坡路（7～10°），进行50米、100米、150米、200米和300米不同段落往返负重屈走。负重物为沙袋，重量10千克。屈走时将沙袋置于腰骶部，这样不但可以保持髋部水平移动，稳定重心，而且也可以在坡度的正负变换中增加动作难度，在其他方面达到屈走动作要求。坡路负重屈走在难度上比场地的徒手屈走增加了许多，也正是由于难度的增加（上坡完成的功较大，下坡下肢需要做出制动的动作），限制了屈走的绝对速度。这个手段负荷后的平均血乳酸浓度表明，机体在运动中所动用的物质和能量代谢体系是有氧—无氧糖酵解混合代谢系统（表7-4）。

表7-4　不同距离坡路屈走的血乳酸浓度与平均速度

内　　容	N	血乳酸（mmol/L）$X \pm SD$	心率（次/分）$X \pm SD$
1.（50米上 +50米下）×3	11	4.75 ±1.37	2.39 ±1.16
2.（50米下 +50米上）×3	8	5.50 ±1.95	3.30 ±1.09
3.（100米上 +100米下）×2	29	5.61 ±2.10	1.70 ±0.31
4.（100米下 +100米上）×2	10	6.24 ±1.93	1.84 ±0.13
5.（200米上 +200米下）×2	23	5.62 ±1.42	1.40 ±0.05
6.（200米下 +200米上）×2	19	6.84 ±2.43	1.49 ±0.14
7.（300米上 +300米下）	17	5.86 ±2.05	1.33 ±0.04
8. 50米下	8	4.84 ±1.69	7.05 ±3.67

在相同的距离，先沿上坡屈走然后再沿下坡屈走，负重后的血乳酸浓度一致性地低于同等距离的反向安排，仅有手段5和6的血乳酸浓度在统计学上有显著性差异（P < 0.05）。在相同距离不同次序的屈走速度间，虽然有先沿下坡屈走，再沿上坡屈走的走速高于反向安排的趋势，但无统计学上的显著差异（P > 0.05）。可以认为，在相同距离屈走中，这种血乳酸浓度的微小差别是由上坡屈走下肢肌群做功大于下坡屈走，而下坡屈走过程不但因其做功较小而产生乳酸较少，还可以由于

强度较低有利于将上坡过程中产生的乳酸进行代谢和排出。这种同一距离屈走次序上的不同对训练效果是否具有影响，有待于进一步地研究。

手段8是沿坡快速向下的屈走，因其走速快，持续时间短，具有速度性训练的基本特征。负荷后血乳酸浓度也提示该手段以磷酸原代谢供能。随着屈走距离的增长，平均走速下降，血乳酸浓度上升。不同距离血乳酸和平均速度在个别手段间虽有明显差异（P＜0.05；P＜0.01），但从血乳酸浓度的变化范围和该手段的实际意义分析，这一手段的有氧——无氧混合代谢过程，随着屈走距离的增加而动用的代谢体系逐渐趋向无氧代谢体系。这种较大难度屈走使负荷后机体的血乳酸浓度范围同霍拉姆对徒手屈走手段的描述一致，是提高速滑运动员最大有氧能力的最有效手段。而各种内容的徒手场地屈走远离教练员所期望的对机体能产生作用目标。

（3）场地负重屈走

场地负重屈走手段在安排上，教练员选择了变化训练法。负重方式和重量与坡路屈走相同。场地负重屈走由不间断的负重低姿大步屈走200米、40单步滑跳和300米跑三种动作构成。监测结果表明，这种手段负荷后的平均血乳酸浓度为12.03±3.04mmol/L（N＝124），最高可达21.60mmol/L。通过对5名女子健将级运动员5次课完成的17组场地负重屈走的不同动作进行统计，各动作的强度如下：①200米屈走平均时间66±5.94秒，总步频144±6.76步；②40单步滑行跳平均时间32.9±2.4秒；③300米跑平均时间为59.66±2.19秒。40单步滑行跳不可能使机体产生如此高的乳酸（见滑跳训练），而接近5米/秒速度的300米跑也不会使机体产生这么高的血乳酸，只能在原有血乳酸浓度水平上再增加其浓度。显然，200米低姿大步（平均步幅1.39±0.07米）屈走，无论从时间还是从下肢重复完成的动作来说，都是这组训练产生乳酸的重要来源。这个手段是一个具有一定专项特点的速度耐力性训练。它在运动中动用的物质和能量代谢体系，是典型的糖酵解供能类型的无氧代谢。这种手段对于速滑运动员、尤其是短距离速滑运动员来说，无疑是一种非常重要的、与专项特点结合较为紧密的陆上速度耐力训练手段。场地负重屈走就其生物学本质而言，真正实现了霍拉姆在无氧代谢训练形式与方法中提到的小场地速度耐力屈走所要达到的目的。实践中发现，这个手段一般安排在基本训练阶段后期效果较好。课单一量不要超过 5 组。血乳酸峰值一般出现在 7 ~ 10 分钟（13.45 ± 3.3mmol/L）。15 ~ 18 分钟血乳酸浓度可降到 8mmol/L 以下，因此，组间间歇时间不能少于 20 分钟。

通过对 16 种屈走手段的监测，屈走手段可以分成 4 类：①不同步频、时间和距离的徒手屈走为有氧代谢水平的一般性耐力训练手段；②负重（10 千克）坡路（7 ~ 10°）屈走是一类发展最大有氧能力的有氧——无氧混合代谢的一般耐力训练。这类手段可因屈走距离的增长使血乳酸浓度增加，加大无氧代谢的比例；③场地负重屈走是典型的以增加机体速度耐力为目标的糖酵解代谢类型的无氧训练。④50 米下坡负重屈走，因速度平均可达 7.05 米/秒，接近跑的速度，该单一手段持续时间均在 10 秒以内，属于以磷酸原代谢供能的速度性训练。

3. 滑跳训练

滑跳是模仿滑冰的动作向上和侧向跳跃。机体所克服的阻力就是运动员自身体重。跳跃过程中，髋、膝关节交替展直，强调收腿时放松。实施这类手段的基本目的是力图提高股四头肌、臀大肌等肌群对髋部和膝部的爆发性伸展能力，也就是使这些肌群进行快速、最大收缩能力的训练。因此，滑跳手段是速滑运动员发展专项性爆发力训练中采用的一种手段。

通过监测发现，所涉及到的教练员在安排这种手段时，很少充分考虑到发展爆发力训练应以无氧代谢中磷酸原代谢类型的代谢为主这个特点（表 7 - 5）。偏重于强调作业时间和跳跃频率，得到一种专项力量耐力性训练的效果，血乳酸最高者达 10.2mmol/L。这样既无益于保证动作质量，也无益于有效地提高专项肌群收缩的起动速度和最大收缩能力，违犯了速滑运动员爆发力训练中跳跃性练习内容安排应着重强调用力的程度和起动的速度，而不是两次跳跃的间隔时间这种已有的规律性认识。一般认为，这类手段每组的重复次数以 5～10 次，重复 2～8 组为宜。（表 7 – 5）中的手段 5，就是良好的以提高专项爆发力为目的的滑跳手段范例。

表 7 – 5　不同内容滑跳训练的血乳酸浓度和步频

性别	内　　　容	N	血乳酸（mmol/L） $X \pm SD$	心率（次/分） $X \pm SD$
男	1. 30 秒滑跳×10（间歇 30 秒）	22	5.10 ± 2.93	53.79 ± 4.71
	2. 2 分滑跳×10 组（间歇 3 分）	15	5.03 ± 0.68	58.06 ± 1.01
	3. 5 分滑跳×3 组（间歇 5 分）	13	5.10 ± 0.79	59.62 ± 4.31
	4. 8 分滑跳×2 组（长间歇）	9	4.25 ± 1.42	——
	5. 7/8 次双侧滑跳×10 组（间歇 30 秒）	16	3.60 ± 1.21	
女	6. 1 分滑跳×5（间歇 30 秒）	7	6.50 ± 2.31	46.10 ± 3.60
	7. 2 分滑跳×10（间歇 2 分）	6	7.21 ± 2.93	52.50 ± 5.21
	8. 5 分滑跳×4 组（间歇 3 分）	13	3.64 ± 1.74	42.70 ± 4.60

滑跳手段安排不当，将会导致专项肌群收缩的起动速度下降，影响最大收缩能力的提高，甚至可因作业时间过长，做功肌群产生疲劳而破坏原有技术动作等不良后果。本项目仅对个别教练员所应用的这种手段进行了监测，在此只做为特例进行讨论，以引起重视。

4. 滑板训练

滑板训练是 60 年代末出现的一类可以用于直道模仿技术训练的手段。由于运动员通过这种训练可以真实地体会到"滑动"，有益于掌握和改进技术动作。经过 20 多年的应用和发展，滑板训练已经成为陆上训练的一类重要手段。滑板技术在很大程度上可以转化为冰上技术。许多国外优秀运动员在冰期不能上冰时，利用滑板训练来代替冰上训练。

（表 7 – 6）列出 16 名健将以上水平优秀运动员（男 4 人，女 12 人）完成不同内容滑板训练 317 个血乳酸峰值及心率的统计结果。手段 3、6 因板长和血乳酸浓度无明显性别间差异（P > 0.05），故男女优秀运动员的数据分别合并计算。其它内容的训练手段除5外，均为12名优秀女子运动员的监测结果。

表7-6 不同内容滑板训练的血乳酸浓度与心率

内　　容	板长（米）	N	血乳酸（mmol/L）$X \pm SD$	心率（次/分）$X \pm SD$
1. 1′10″ 40步包干×5′×3组	3.2	14	12.80±1.21	186.2±8.14
2. 1′20″ 38步包干×5′×3组	3.2	16	13.37±2.70	183.0±4.30
3. 1′20″ 40步包干×5′×3组	3.2	30	11.19±2.72	179.8±3.40
4. 1′20″ 36步包干×5′×3组	3.2	7	9.17±2.08	184.0±7.50
5. 男子1′10″ 36步包干×5′×2组	3.2	7	7.10±1.76	182.6±4.30
6. （40″快+20″慢）×5′×3组	2.5	28	8.19±2.34	164.8±5.90
7. （20″慢+40″快）×5′×2组	2.5	24	7.11±2.19	167.6±6.20
8. （30″慢+30″快）×3×2	2.5	10	6.48±1.67	175.7±6.40
9. （30″滑+30″休）×5×2（间歇）	2.5	21	8.50±2.71	173.1±7.90
10. （50″/10″休+40″/20″休+30″/30休+20″/40″休+10″/50″休）×2	2.5	14	7.05±1.84	69.4±8.60
11. （2′30″/5′休）×4组（长间歇）	2	12	6.11±1.15	——
12. （45″/20″休）×5（间歇）	2.5	6	6.50±1.05	——
13. （40″+20″休）×5×3（间歇）	2.5	62	4.81±2.27	——
14. 20步×3	2.5	12	5.33±1.81	
15. 30步×3	2.5	6	5.15±1.79	
16. 5′×2组（匀速）	2.5	26	4.60±2.27	156.7±11.2
17. 3′~4′匀速×2组	2.2	16	3.95±1.54	——
18. 10′×2	2.2	6	7.50±1.27	170.3±9.80

手段1~4的血乳酸浓度以及负荷的平均最大心率表明，这是一类以糖酵解代谢类型为主的无氧代谢训练。随着强度的增加，血乳酸浓度和心率呈同步增加的趋势。

由于间歇时间较短，血乳酸峰值大多在1~3分钟可以获得。通过这类练习，可使运动员在非常接近专项技术动作的训练过程中得到近似冰上速度或速度耐力性训练的效果。切实地使机体无氧糖酵解供能的能力得到提高。这类手段一般安排在基本训练阶段的中、后期，为使运动员能够顺利、平稳地向冰上训练过度，在代谢能力和专项能力方面打好基础。这类手段要求完成者具有熟练、正确的技术，负荷强度极大，因此不宜在非冰期训练中过早采用。

手段5的血乳酸峰值和负荷后最大心率均提示，它可以做为较好的速度性训练手段加以应用。虽然它在内容安排上同手段4相似，但负荷后的血乳酸峰值浓度却呈现明显的性别差异（P＜0.01）。这提示，手段5对于男子运动员来说，强度水平构不成使男子运动员机体大量动用糖酵解类型供能过程的刺激，如果超过这个强度点，机体的代谢过程就迅速转入无氧糖酵解代谢。手段3与手段5的比较结果进一步表明，在手段5的基础上，强度略有增加，即可导致机体代谢过程的明显改变。这种现象是否具有强度或代谢变化"临界点"的意义，有待于进一步研究。

手段6～13是典型的非强化间歇训练。这类手段的强度、难度居中，平均血乳酸峰值4.81～8.5mmol/L。运动员可以通过这类练习体会、改进技术动作，提高机体有氧——无氧混合代谢供能的能力，有利于专项耐力水平的提高。

手段14和15的平均血乳酸浓度略高于5mmol/L，具有发展速度素质的特征，由于训练中没对动作次数提出具体的要求，而且作业时间较短，在较快的节奏下机体一般采用磷酸原代谢类型提供能量；手段16～18，以持续匀速滑行为特征，对完善技术动作极为有益。这种手段一般在准备期为发展和保持运动员的一般耐力水平所用，也可以在调整期或大强度训练手段变换过程中，以积极性恢复为目的加以应用。

监测结果提示，安排这类手段如果以提高专项耐力为目的，应该调整手段16和17的强度以提高血乳酸浓度水平。

18种常用的滑板训练手段，可以按动用的物质和能量代谢体系分成4类：（1）手段1～4是一类以糖酵解代谢类型为主的无氧代谢供能训练。这类强化间歇训练可以极大地发展专项速度和速度耐力。由于这类手段负荷强度极大，因此不宜在非冰期训练中过早采用；（2）手段

5、14 和 15，由于作业时间短、节奏快，血乳酸值在 5 —8mmol/L 之间，以提高磷酸原类型代谢供能能力为主，具有提高专项速度能力的特征；（3）手段 6～13 是一类典型的非强化间歇训练。这类手段既为运动员改进和完善技术提供条件，又可以通过对机体有氧——无氧代谢供能过程的作用来提高专项耐力水平；（4）手段 16～18 是准备期保持和发展运动员一般有氧耐力水平的良好手段。它也可以用于以积极性恢复为目的的训练安排。

5. 轱辘训练

轱辘训练是速滑运动员非冰期训练中可以用于改进直道和弯道滑行技术的有效手段。按照训练环境的不同，可以将轱辘训练手段分成公路、场地和坡路三种形式；按照手段所注重专项技术的不同，又可以分成直道、弯道和模拟滑圈三种类型。近年来，随着冰雪运动的发展，我国已经能生产聚氨酯等高分子材质的轱辘。因此，在速滑运动的非冰期训练中，轱辘训练手段已被越来越多的教练员采用。

轱辘训练对人体器官和系统的要求与滑冰相同，有利于发展大腿和臀部等肌群的专项力量。

（1）公路轱辘训练

监测结果列于（表7－7）和（表7－8）。不同教练员对不同性别的运动员所安排的公路轱辘训练，手段极为相近。女子组教练员较多地采用间歇训练方法，而男子组的教练员却较多地使用重复训练法。在相同的训练手段中，负荷后的血乳酸具有较大的一致性。完成（表7－7）中手段 3 的要求，是以较快的动作频率和滑速滑行 200 米，负荷后的血乳酸略高于 4mmol/L。男、女运动员完成手段 1 的条件相同，要求在坡度为 9°平缓上升的油渣路面上，尽最大能力沿坡向上滑行。因这两种手段都缺少计时数据，无法对速度情况进行进一步的描述。但从安排这两种手段的要求来看，都是以速度性训练为目的，只不过手段 1 的难度和强度较大。负荷后血乳酸的平均浓度也支持这两种手段是良好的速度性训练手段，同采用该手段的目的吻合。虽然负荷后的平均血乳酸浓度

是男子运动员的低于女子运动员，但无统计学上的显著差异（P >
0.05）。这个现象符合在相同条件下完成负荷的性别差异规律。手段2
的动作特征是由静止过渡到滑跑。起跑后，前几步的动作类似跑的动
作，直到前进速度超过一定速度以后，运动员才能被迫变跑的动作为滑
的动作。由于轱辘在路面上滑动，不能象冰刀那样切入冰面，所以当运
动员以最大速度的蹬动加快前进速度时，轱辘向外滑脱。因此，在完成
轱辘起跑的练习中，类似跑的动作过程要明显地比冰上起跑长。机体在
快频率的跑动过程中，先消耗 ATP 和 CP 直接供给的能量，然后迅速以
糖酵解的代谢方式为机体做功提供能量，导致机体乳酸迅速增高（表7
-7，表7-8）。这个手段是典型以无氧代谢供能为主的专项速度性模
拟训练。手段2在性别间存在的平均血乳酸浓度差异（P < 0.05），可
能与性别间肌肉收缩速度的差异以及动作频率有关。

表7-7　男子不同内容公路轱辘训练的血乳酸浓度、速度及心率

内　　容	N	血乳酸(mmol/L) $X \pm SD$	速度(米/秒) $X \pm SD$	心率(次/分) $X \pm SD$
1. 上坡滑 80 米 ×5 ×2	12	6.6 ±1.53	—	—
2. 起跑 100 米 ×10	6	14.9 ±3.60	—	—
3. 200 米 ×6	12	4.4 ±0.87	—	—
4. 1000 米 ×4	6	8.4 ±2.63	5.65 ±0.12	172.0 ±9.9
5. 2000 米 ×5 ×2	6	8.8 ±3.66	6.25 ±0.57	176.5 ±12.3
6. 4000 米 ×5	10	7.2 ±1.76	6.47 ±0.40	163.7 ±7.8
7. 6000 米 ×5	6	8.1 ±0.84	5.26 ±1.80	173.9 ±4.3
8. 8000 米 ×2	4	2.9 ±1.05	5.49 ±1.49	160.0 ±3.5
9. 15000 米	9	4.3 ±2.84	5.23 ±1.87	—
10. 20000 米	4	2.7 ±2.40	5.03 ±0.65	170.0 ±9.2
11. （30″ +30″休） ×14′ ×3 间歇	5	5.1 ±3.50	——	

表 7 – 8　女子不同内容公路轱辘训练的血乳酸浓度及速度

内　　容	N	血乳酸（mmol/L）$X \pm SD$	心率（次/分）$X \pm SD$
1. 上坡滑 80 米 ×5 ×2	7	8.1 ±3.10	—
2. 起跑 100 米 ×10	5	10.1 ±2.00	—
3. 1000 米 ×7	6	7.3 ±1.90	4.76 ±2.84
4. 2000 米 ×5	6	7.0 ±2.40	4.26 ±2.63
5. 4000 米	8	7.4 ±1.68	5.03 ±2.14
6. （1′＋1′休）×6 ×4 间歇	8	6.2 ±2.46	
7. （20″慢＋20″快变速）×2/4 ×3	18	6.9 ±2.08	
8. （1′＋30″休）×6 ×2 间歇	22	6.2 ±2.19	
9. （1′20″＋1′休）×3/5 ×2 间歇	16	5.7 ±1.93	
10. 5000 米 ×2	6	3.8 ±1.02	
11. 12′ ×2	35	7.3 ±1.99	5.65 ±0.88

　　男子组手段 4、5 和女子组手段 3 是以重复训练的方法进行练习。男子手段 11 和女子手段 6 ~ 9，是以间歇训练的方法进行训练。这两类手段的平均血乳酸浓度为 5.1 ~ 8.8mmol/L，男子组的平均心率大部分都在 170 次以上。这表明，从训练方法的分类来看，它们分属于两种方法，但从其强度、持续作业时间和生物效应的角度分析，似乎同样以发展有氧——无氧混合代谢供能的能力为主，而且偏重有氧代谢供能，可以用来改善机体的最大有氧能力。另外，轱辘训练中，机体所做的功用于克服地面摩擦力要比冰上训练用于克服冰面摩擦力高 25% 以上，所以，在相同滑跑频率下机体所得到较低的速度，有利于改善滑行技术。

　　女子组手段 5 和 11 以及男子组手段 6 和 7，由于作业时间均在 10 分钟以上，尽管平均血乳酸浓度同前面讨论的发展有氧——无氧混合代谢供能的轱辘训练手段相同，但其训练效应却趋向于发展专项有氧能力。男子组手段 8 ~ 10 以及女子组手段 10，负荷后的平均血乳酸浓度为 2.7 ~ 4.3mmol/L，连续作业时间均超过 20 分钟，可以认定它们是无氧阈强度水平的专项训练，有利于发展机体的有氧代谢能力。

（2）场地轱辘训练

场地轱辘训练与公路轱辘训练相比，对运动员改进技术动作更为有利。场地轱辘训练的场地相对较大，没有人及车辆等交通因素的干扰，所以可以进行更为接近冰上特点的模拟性训练，也可以就体会和完善弯道技术，安排专门性的弯道模仿技术训练。

表7-9　模仿性场地（160M）轱辘训练的血乳酸浓度、速度、心率和步频

内　　　容	N	血乳酸 （mmol/L） $X \pm SD$	速度 （米/秒） $X \pm SD$	心率 （次/分） $X \pm SD$	步频 （步/圈） $X \pm SD$
1. 1圈×10（间歇50″）	12	6.15±0.64	5.63±0.63	171.0±5.3	31.7±1.7
2.（2圈×5）×2（间歇1′30″）	16	5.92±2.00	5.45±0.27	169.5±3.7	31.7±1.8
3. 3圈×5（间歇1′30″）	12	8.14±2.39	5.60±0.12	172.8±2.7	31.6±1.8
4. 4圈×5（间歇2′）	12	8.55±1.22	5.44±0.18	176.4±8.0	30.9±2.2
5.（5圈+2圈慢）×2×3	6	4.75±1.95	5.03±0.31	——	——
6. 8圈	6	6.24±1.41	5.19±0.77	159.0±6.4	30.6±1.6

（表7-9）列出优秀女子短距离运动员在周长为160米的水泥面场地上进行模拟性轱辘训练的监测结果。很明显，手段1的单一作业时间在30秒左右，而间歇为50秒左右，这是典型符合专项速度性训练规律的手段。

手段2与手段1相比，尽管在平均血乳酸浓度、滑速、心率和步频几个方面相同（P＞0.05），但由于持续作业时间在1分钟以上，而且间歇时间较长超过该手段持续作业时间，所以是一种以发展专项耐力为主的手段。如果间歇的时间变短，血乳酸值会发生明显的变化，完全有可能超过手段3和手段4的血乳酸值，会获得更好的训练效果。同前2个手段相比，手段3和手段4作业的持续时间明显增加，平均血乳酸值出现明显的增高（P＜0.05），心率虽有增加趋势，但同步频一样，无明显的差异（P＞0.05）。因此，手段2~4均可做为发展专项耐力的非冰期专项训练方法加以使用。本项目认为，这3种手段虽然在方式上同

冰上速度性训练相似，但是由于轱辘在加速侧蹬过程中向外滑脱，侧蹬力量小于冰刀给予冰面的力量，参与完成动作肌群不必进行更多的糖酵解代谢就可以满足完成动作所需的能量。血乳酸浓度较低的另外一个原因，可以归结到运动员为了保持平衡和滑行节奏，主动减少侧蹬阶段的蹬动速度。轱辘训练对技术动作以及机体动用能量代谢体系的这种影响，在应用该手段时应该引起足够的重视。如不认清这种区别，将对冰上的训练产生消极的影响。

手段 5 和 6 的滑速低，尽管平均血乳酸浓度同手段 1 和 2 相近，但从持续作业时间、心率等方面来看，对机体代谢过程的影响却是略高于无氧阈强度的以有氧代谢为主的有氧——无氧混合代谢性训练，有利于提高专项肌群的有氧耐力水平。

弯道技术是速滑运动中特别重要的专项技术之一。熟练掌握弯道技术的关键，在于如何抵消和利用沿弯道弧滑跑而产生的离心力。为了在弯道滑跑中有效地滑行，一方面运动员向与离心力相同的方向蹬冰，得到等于或大于离心力的力量，另一方面运动员要尽可能地将身体质量集中在身体转动轴心上，以克服转动惯性。有关弯道的直线性模仿训练（如皮筋牵引、滚动台弯道蹬动等）将在以后进行讨论，这里讨论的是一种以圆周运动形式为特征的弯道专项技术性场地轱辘训练。这种训练通过由直观感觉离心力的作用，逐步使弯道技术向适应和利用离心力的方向迁移。这种练习效果是其它几种常用的直线性弯道技术训练手段所不能比拟的。

弯道技术性场地轱辘训练方法简单。将橡皮筋或普通带子的一端固定于拟进行圆周运动的圆心，另一端由运动员用左手握住。圆周运动的半径，即橡皮筋或带子的长短，可因场地大小和个人弯道技术的具体情况而定，一般不应短于 2 米。固定于圆心的一端要能绕固定点转动，避免圆周运动时带子缠绕减小转动半径。

表7-10　弯道技术性场地轱辘训练的血乳酸浓度

内　　容	N	血乳酸（mmol/L）$X \pm SD$
1.（20″+20″休）×4×3	13	5.05±2.17
2.（40″+20″休）×3×3	6	5.70±2.86
3.（30″+30″休）×5×3	24	5.28±1.89

　　弯道技术性场地轱辘训练的监测结果列于（表7-10）。3种手段均以间歇训练的方式实施。滑速一般控制在能抵消或大于圆周滑跑所产生的离心力为度。这种沿圆周滑跑产生的离心力，很容易由圆周运动过程中橡皮筋或带子松紧程度的变化得到确认。这类训练手段在动用的代谢体系上以有氧——无氧混合代谢为主，由于该手段的技术比重较大，所以供能体系更趋向于有氧供能。

　　通过对31个轱辘训练手段血乳酸及相关指标监测结果的分析，可以将这些手段按其性质和代谢特点分成4类：①速度性训练 手段内容包括（表7-7）的手段1、2和3以及（表7-8）中的手段1和2和（表7-9）的手段1，这些手段分别以磷酸原代谢类型和磷酸原——糖酵解代谢类型为主；②专项速度耐力性训练 手段内容包括（表7-7）中手段4~7、（表7-8）中手段3、9和11、（表7-9）中手段2~4，这些手段均以有氧——无氧混合代谢为主，有利于提高机体的最大有氧代谢能力；③一般专项耐力性训练，手段内容包括（表7-7）中手段8~11、（表7-8）中手段10、（表7-9）中手段5、6，这些手段以有氧代谢为主，属于无氧阈强度的训练手段，有利于发展机体的有氧代谢能力；④弯道技术训练，包括（表7-10）所列的3种间歇性训练手段，由于这类手段技术比重较大，所以在有氧——无氧混合代谢过程中，能量代谢体系更趋向于有氧代谢供能。

6. 模仿性弯道训练

　　模仿性弯道训练是在训练实践中形成的一类陆上弯道专项技术性的训练手段。根据进行训练的环境和采用的器械，模仿性弯道训练可以有橡皮筋牵引、跑台蹬动、弯道跳等多种形式。这类手段的共同特点，是用弯道滑行的基本技术动作，完成直线性运动。在完成弯道滑行基本技术动作的过程中，运动员可以在没有真正离心力产生的情况下，充分体会到上体左倾、收腿、支撑、蹬动等重要的弯道技术环节。通过这类手段的训练，不但有助于形成理想的弯道技术，还可以提高专项速度耐力和专项肌群力量。

（1）橡皮筋牵引弯道训练

这个手段始于世界著名教练霍拉姆。近年来的非冰期陆地训练中，它也成为我国速滑运动员弯道模仿性训练的重要手段，并在实际应用中得到了发展。

（表7－11）中所列的监测结果说明，手段1和2的难度以及对机体的刺激强度，高于手段3。这表现在两类手段负荷后的平均血乳酸浓度存在明显的差异（P＜0.01）。手段1和2是在10°泥土地面的山坡上进行训练；手段3是在训练馆的地板上完成。在坡路上进行的橡皮筋牵引训练，由于重力作用，运动员必须克服重力和橡皮筋的下拉作用才能把身体蹬上山坡，与冰上弯道滑行速度越快，产生的离心力越大相近。这对于在强度较大的情况下改进弯道技术十分有益。手段3负荷后的血乳酸浓度表明，尽管在直线性运动过程中，机体要克服橡皮筋产生的拉力和协助训练者施加的阻力，由于强度较低，机体的代谢在无氧阈水平以下即可充足地提供运动所需的能量。这种训练的生物效应对于优秀运动员来说，无益于提高专项肌群的力量和机体的速度耐力。从单纯改进弯道技术的角度来说，手段3能为技术差的运动员提供一个极好的机会。

手段1和2的血乳酸峰值可以在负荷后即刻或3分钟以内获得。平均血乳酸浓度和心率都表明，这类手段以有氧—无氧混合代谢供能为主，对提高完成弯道技术动作肌群的力量和速度耐力十分有利。

表7-11　橡皮筋牵引弯道训练的血乳酸浓度和心率

内　　容	N	血乳酸(mmol/L) $\bar{X} \pm SD$	心率(次/分) $\bar{X} \pm SD$
1.（坡路 15″+15″休）×5′×4	41	5.02±2.05	161.6±12.4
2.（坡路 20″+20″休）×5′×5	14	5.01±2.01	165.2±10.3
3.（平地 30″+30″休）×5′×2	7	2.91±0.83	154.0±8.7

（2）弯道交叉跳训练

弯道交叉跳训练是以提高左腿蹬动肌肉收缩速度为主的一种训练手段。因此，在训练过程中，左腿的负荷强度大于右腿。（表7-12）中所示的监测结果表明，动作频率和作业时间增加，无氧糖酵解代谢供能的比例也随之增加。进行弯道交叉跳训练后，运动员的平均血乳酸浓度为4.02～8.95mmol/L。按照手段的时间特点，男子手段1、3和4以及女子手段1和3属于专项爆发力性训练，以无氧磷酸原代谢供能为主。

男子手段2和女子手段2、4，由于持续作业时间是1～2分钟，不具有爆发力性训练的基本特征，且平均血乳酸浓度表明这几个训练手段机体以有氧——无氧混合代谢供能为主，应属于专项的速度耐力训练。

表7-12　弯道交叉跳训练的血乳酸浓度、频率及心率

性别	内　　容	N	血乳酸(mmol/L) $\bar{X} \pm SD$	速度(米/秒) $\bar{X} \pm SD$	心率(次/分) $\bar{X} \pm SD$
男	1.7 次×16	9	6.80±3.54	——	157.9±8.4
	2.（2′+2′休）×10	5	4.02±0.89	30.2±1.2	158.2±8.7
	3.（30″+30″休）×10	7	6.96±1.87	51.4±6.2	171.7±6.9
	4.（15″+15″休）×10	8	8.95±2.34	59.2±4.3	181.0±10.0
女	1.8 次×10	6	4.76±2.94	——	162.3±6.9
	2.（2′+2′休）×10	12	7.43±2.35	45.4±3.2	187.3±8.4
	3.（30″+30″休）×10	7	5.97±2.56	52.3±4.7	168.1±12.1
	4.（1′+30″休）×10	14	7.84±1.77	56.5±3.1	172.2±9.8

（3）跑台弯道训练

这个训练手段，在安排上可出自两种目的。一是通过调整跑台的速度，使运动员适应弯道动作的节奏；一是将跑台作为阻力物（被动转动），以提高弯道专项力量。两者都可以通过调整跑台的坡度来增加训练的难度和强度，并通过运动员自身的重力作用，使他们在直线运动过程中得到类似克服离心力的感觉。随着现代化训练器材的购入和使用，跑台可以转动这个特性使运动员在完成弯道技术的同时感到是在"滑动"而不是移动。

男子优秀运动员进行跑台弯道训练的监测结果列于（表7－13）中。手段1和2是间歇性训练。手段1是在跑台加电转动情况下以适应弯道节奏为目的的练习，强度在有氧代谢水平。手段3同手段1一样，是在跑台加电转动下，进行持续作业时间较长的练习，有利于长距离运动员适应10，000米比赛的弯道节奏。强度在无氧阈水平，机体以有氧代谢供能为主。手段2是在跑台做为阻力物条件下完成的。跑台的坡度为10°。运动员靠腿的蹬伸动作驱动跑台皮带转动，这对于提高完成弯道动作肌群的力量十分有益。负荷后的平均血乳酸浓度为 5.10 ± 2.93 mmol/L，明显高于手段1和3（$P < 0.05$），属有氧——无氧混合代谢供能，可改善专项耐力。

表7－13　男子速滑运动员跑台训练的血乳酸浓度

内　　容	N	血乳酸（mmol/L） $X \pm SD$	坡度
1. 1′×6	6	2.90 ± 2.32	—
2.（30″+30″R）×8×2	15	5.10 ± 2.93	10°
3. 7′×2	4	3.90 ± 1.42	—

女子优秀速滑运动员跑台弯道训练的监测结果列于（表7－14）。8种手段均为跑台调整在8°坡度时做为阻力物条件下完成。全部手段的平均血乳酸浓度在 5.17～6.64mmol/L 范围内，尽管手段内容在安排上

有所不同，从代谢角度分析，均为有氧——无氧混合代谢供能。有利于提高参与完成弯道动作肌群的耐力性力量。

对模仿性弯道训练不同训练手段的分析，可以确认在模仿性弯道训练中技术成分所占的比重颇大。实施这类手段时，机体所产生的生物效应，是提高专项肌群爆发性力量和耐力力量。除个别手段外，大多数手段是由有氧——无氧混合代谢提供能量。这提示，在弯道技术训练过程中，如果能够寻找出并采用接近比赛时机体完成弯道滑跑动作所动用的能量供给系统的强度，一定会使这类模仿性弯道训练手段的针对性更强，因而也能得到安排这类手段所期望实现的效果。

表 7－14　女子速滑运动员跑台训练的血乳酸浓度

内　　容	N	血乳酸（mmol/L）$X \pm SD$
1. $1' \times 2$	12	5.63 ± 2.44
2. $(1' + 20''休) \times 5$	7	6.64 ± 2.54
3. $1'30'' \times 2$	6	5.45 ± 1.64
4. $(20'' + 10''休) \times 5' \times 3$	9	5.37 ± 2.44
5. $(20'' + 20''休) \times 5' \times 3$	16	6.17 ± 2.26
6. $(30'' + 30''休) \times 6' \times 3$（或 $\times 7' \times 2$）	13	5.17 ± 2.05
7. $(40'' + 20''休) \times 5' \times 2$	18	5.97 ± 2.40
8. $(30''慢 + 30''快) \times 2' \times 3$	4	5.65 ± 1.99

7. 山地综合性训练

这个手段将屈走、单向侧跳、弯道跳和跑综合在一起，在坡度 7～10°的平缓油渣路面上实施。每个手段的运动距离均为 100 米，沿坡向上运动。单向侧跳在该段落 50 米处换腿。虽然只对 2 名男子健将级运动员一次课所完成的 8 组山地综合性训练进行监测，因负荷后的血乳酸浓度可以达到 1500 米比赛后的峰值水平，所以单独在此讨论。

完成每组综合性练习的心率平均为 180 ± 10.1 次/分，平均速度为 1.88 ± 0.2 米/秒，平均血乳酸浓度为 12.4 ± 2.37 mmol/L（最高值为

18. 30mmol/L）。这个手段所动用的物质能量代谢体系明显是糖酵解代谢供能。因此，得到了单一使用其中任何一个手段都难以实现的效果，而且速滑专项特征在各手段中体现的十分明显。这种大强度负荷使血乳酸峰值后延，出现在恢复期 7 ~ 9 分钟。因此，组间休息时间应该相对较长，使机体有足够的时间将乳酸清除，以保证训练的效果。上面提及的各监测指标提示，该手段具有屈腿走训练中讨论过的场地负重屈腿走综合性训练的特征。因此，这两种手段就其生物效应而言，属于同类。如果条件允许，可以交叉使用。

8. 跑步训练

按照实施跑步手段的目的，可以将速滑运动员采用的跑步手段分成作业时间较长的有氧耐力跑、作业时间中等的以无氧糖酵解供能为主的速度耐力跑和作业时间短的以无氧磷酸原代谢类型供能为主的速度间歇跑三种类型。

有氧耐力跑以作业时间长（1 ~ 2 小时），血乳酸在 4mmol/L 以下，跑速和心率比较低为基本特征。监测结果也证明这一点（持续作业时间为 1 ~ 1.5 小时，平均血乳酸浓度为 3.1 ± 0.79mmol/L，平均心率为 154 ± 9.1 次/分，样品数为 36）。一般认为，有氧耐力跑在增强心血管能力和机体的有氧代谢能力方面具有突出的作用。据前苏联学者研究，经过 3 ~ 5 年训练后，运动能力已达到很高水平的运动员的最大摄氧量即停止增长。国内外许多学者对评定人体最大有氧能力的指标——最大摄氧量进行了广泛深入的研究。共同的结论是，最大摄氧量在很大程度上决定于遗传因素，经过训练提高人体有氧代谢能力的可能性只有 20 ~ 40%。因此，在优秀速滑运动员中安排有氧耐力跑的目的，主要是维持（恢复）他们的有氧能力，发展机体供氧的血液动力机能。

速度耐力跑手段内容的变化多种多样，包括匀速、间歇、变速、突然加速、逐渐加速、递增加速、后程加速众多变化。同有氧耐力跑相比较，跑速较快，单一手段的持续作业时间在 1 ~ 6 分钟左右。这类手段的生物学意义在于提高心血管系统功能和增强腿部肌肉产生和耐受乳酸的能力，也可以使一般性速度耐力得到改善。（表 7 - 15）列出 2 种变速耐力跑手段安排及各段落的跑速。第 1 种手段是 8 人完成 2 组训练后的监测结果。平均血乳酸浓度是 8.21 ±2.92mmol/L，平均最大心率为 181 ±7.2 次/分；第 2 种手段是 5 人的监测结果，总共完成 2 组，平均血乳酸浓度是 6.73 ±3.14mmol/L，平均最大心率为 174.1 ±12.5 次/分。手段 1 的血乳酸峰值可在 1 ~3 分获得；手段 2 的血乳酸峰值有后延的趋势，大多出现在 5 ~7 分钟。这种血乳酸峰值时间分布的差异同速度变化顺序有关。手段 2 的平均血乳酸浓度和平均心率略低于手段 1，但无明显的差异（P >0.05）。这提示，运动员在完成持续时间较长的变速耐力跑时，心理上产生保护性意念，为了能顺利完成整个手段，而降低跑速。因此，在训练中安排变速耐力跑时，应对变速提出具体的要求，保证训练效果。总的来看，这类手段是以有氧——无氧混合代谢供能为主。

表 7 -15　不同变速耐力跑的跑速

No.	手　段　内　容						
1. 距离（米）	50 + 50 +100 +100 +200 +200 +300 +300						
平均速度（M/s）	5.24 1.53 4.88 1.98 4.92 1.77 5.98 1.84						
2. 距离（米）	50 + 50 +100 +100 +150 +150 +200 +200						
平均速度（M/s）	1.63 4.97 1.54 5.10 1.88 4.96 1.83 5.31						
距离（米）	+300 +300 +400 +400 +600 +600						
平均速度（M/s）	1.65 5.20 1.79 5.42 1.49 5.91						

　　速度间歇跑以速度快、作业时间短、间歇时间明显长于作业时间为基本特征。这样的训练不致于导致机体快速疲劳，由于肌肉在短时间内快速收缩，所以很少产生乳酸，有利于增强无氧代谢中磷酸原供能系统的供能能力。对 8 名优秀运动员分别完成的 2 组 10 米、20 米、30 米和 40 米速度跑的监测结果表明，在 1.82 ±0.1 秒（10 米）、2.49 ±0.3 秒（20 米）、4.43 ±0.1 秒（30 米）和 5.75 ±0.2 秒（40 米）这样的速度

强度下，平均血乳酸浓度是 4.88 ± 1.46mmol/L，为典型发展磷酸原代谢供能的一般性速度训练。

现代速度训练中流行的法特莱克跑游戏性较强，当教练员安排这类训练手段时，运动员按照各自的喜好选择实施环境，很难进行监测，所以没能在此对这类"速度游戏"性质的跑进行讨论。

虽然跑的动作与滑冰的动作有很大的区别，但它们仍不失为发展速滑运动员一般性有氧耐力、速度耐力和速度的良好训练手段。

9. 力量训练

力量是速滑运动中最重要的基本素质之一。鉴于速度滑冰动作上的特殊性该项目力量训练的针对性和实效性有待于进一步发展的现实，根据速滑训练中力量训练的主要特征，按照一般性力量、专项性力量和综合性力量训练这种分类进行血乳酸浓度监测的讨论。综合性力量训练在手段安排上即有一般性力量训练内容、又有专项性力量训练的内容。

（1）一般性力量训练

速滑运动员一般性力量训练，是指那些无明显专项特征的各种力量训练。这类训练的安排，就其手段内容的不同，可以分为一般性最大力量、耐力力量和速度（爆发）力量三类。（表 7 – 16）列出速滑运动员进行一般性最大力量训练的监测结果。发展速滑运动员一般性最大力量的训练，负荷后血乳酸浓度均较低（1.86 ~ 2.76mmol/L）。这类手段因重复次数少（1 ~ 8 次），尽管血乳酸低，按照代谢规律分析，机体完全依靠 ATP—CP 这些体内储存的高能磷酸物质直接供能，属于无氧代谢中磷酸原代谢体系。最大力量的增长有两种途径，一是通过发展肌肉的协调能力，动员更多的运动单位参加工作，提高肌肉收缩的同步化程度来增加最大力量。另一个是通过增大肌肉的横断面发展最大力量。根据发展最大力量的这个规律，可以将（表 7 – 16）内的 6 个手段进一步分成 2 类：①手段 2、5、6 是通过发展肌肉的协调能力增加最大力量的练习方法；②手段 1、3、4 是通过增大肌肉横断面积发展最大力量。在实践中，教练员都是以金字塔的形式，将负荷强度大、重复次数少的最大力量练习安排在后面，有效地防止了意外事故的发生。间歇过程穿插一些有效的放松性练习手段，而且持续的时间是以基本消除机体最大力量训练中产生的疲劳为度。血乳酸平均浓度较低可以证明这一点。

表 7 – 16   一般性最大力量训练的血乳酸浓度

性别	内 容	N	血乳酸 (mmol/L) $X \pm SD$
男	1. 120 千克 × 5 次蹲	14	2.10 ± 1.54
	2. 150 千克 × 1 次蹲	14	1.86 ± 1.87
女	3. 80 千克 × 8 次蹲	8	2.76 ± 0.86
	4. 90 千克 × 5 次蹲	8	2.31 ± 0.73
	5. 100 千克 × 3 次蹲	8	2.01 ± 1.02
	6. 110 千克 × 1 次蹲	8	1.89 ± 1.23

　　一般性耐力力量练习的监测结果请见（表 7 – 17）。这类手段以重量居中、重复次数较多为基本特征。从负荷后的平均血乳酸浓度分析，它们以有氧供能为主，具有通过改善血液循环、呼吸系统机能和提高有氧代谢能力，来满足机体长时间工作的肌肉所需氧气和能源供给的生物学效应。手段 1、2 和 7~9 与手段 3、4、5 和 6 相比，平均血乳酸浓度之间产生的明显差异（$P < 0.05$），是负荷强度不同的结果。按照耐力力量训练的基本原则，要求在不同强度下达到极限重复次数，才能产生改善血液循环和呼吸系统供氧能力和糖酵解供能机制的生物学效应，保证耐力力量的增长。女子速滑运动员一般耐力力量训练中采用的手段 3~6，平均血乳酸浓度在 4.04 ~ 4.31mmol/L，似乎反映了在 20 千克和 30 千克负荷强度下，重复的次数没能达到极限重复次数。因此，训练后没能出现耐力力量训练所特有的生物学反应。

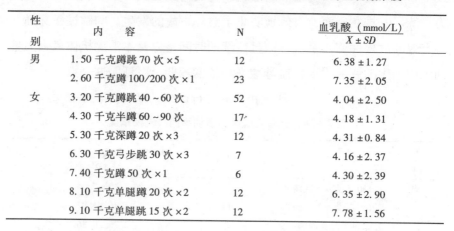

表 7 – 17   男女优秀速滑运动员一般性耐力力量训练的血乳酸浓度

性别	内　容	N	血乳酸（mmol/L）$X \pm SD$
男	1. 50 千克蹲跳 70 次 ×5	12	6. 38 ± 1. 27
	2. 60 千克蹲 100/200 次 ×1	23	7. 35 ± 2. 05
女	3. 20 千克蹲跳 40 ~ 60 次	52	4. 04 ± 2. 50
	4. 30 千克半蹲 60 ~ 90 次	17	4. 18 ± 1. 31
	5. 30 千克深蹲 20 次 ×3	12	4. 31 ± 0. 84
	6. 30 千克弓步跳 30 次 ×3	7	4. 16 ± 2. 37
	7. 40 千克蹲 50 次 ×1	6	4. 30 ± 2. 39
	8. 10 千克单腿蹲 20 次 ×2	12	6. 35 ± 2. 90
	9. 10 千克单腿跳 15 次 ×2	12	7. 78 ± 1. 56

　　速度力量是力量和速度有机结合的一种特殊力量素质。速度力量最典型的表现形式就是训练中常说的爆发力。它象许多运动项目的技术动作要求一样，也是速滑运动中起跑、蹬冰等决定运动成绩技术动作的重要因素。速滑运动员每次蹬冰给予冰面的压强，决定了爆发力的大小。蹬冰爆发力越大，滑行的距离越长，速度也越快。因此，无论是短全能运动员还是大全能运动员，具备出色的爆发力能力，无疑是他们取得优异成绩的共同基础。（表 7 – 18）中列出 5 种发展一般爆发力训练手段的血乳酸监测结果。这些发展爆发力的手段在大多数运动项目的训练安排中都可以见到。因此称为一般性爆发力训练。学者们对速度力量训练的研究结果表明，只有使最大力量和收缩速度两方面都得到提高，才能取得速度力量训练的最佳效果。（表 7 – 18）内所列的 5 种手段，都是以动员在运动过程中克服自身体重的方式施加负荷。前 4 种手段，要求身体运动的垂直高度，而手段 5 则是要求水平方向的远度。一般认为，爆发力性质的训练是无氧代谢活动，主要由 ATP—CP 构成的磷酸原代谢系统供能。手段 1 ~ 4 的平均血乳酸浓度为 3. 76 ~ 6. 34mmol/L，具有爆发力训练的代谢特征。手段 5 参与运动的肌群多，动作难度大，而且完成单一手段的次数较多，持续时间较长，间歇 1 分钟显然不能使机体

拳击与速度滑冰训练监控

158

得到足够的恢复。因此，平均血乳酸浓度达到 16.32 ± 3.10mmol/L 的水平表明，手段 5 的这种安排方式是以无氧糖酵解类型的代谢供能为主。在这种手段的训练中，运动员很难连续保持以最大的收缩力量和收缩速度完成动作，实现远度方面的要求。从爆发力训练的角度来看，这个手段应在单一数量、间歇时间方面进行调整。从另外一个角度看，这个手段可以弥补其他爆发力训练手段不可能使循环系统和呼吸系统得到训练的不足。

表 7 – 18　优秀速滑运动员一般性爆发力训练的血乳酸浓度

内　　容	N	血乳酸 （mmol/L） $X \pm SD$
1. 抱膝跳 20 次 ×5 （间歇 1 分）	19	5.43 ± 2.13
2. （抱膝跳 20 次 + 原地纵跳 5 次） ×2	11	3.76 ± 0.79
3. 连续跳 60 厘米高障碍 10 次 ×16	6	6.34 ± 3.29
4. 连续跳 70 厘米高障碍 5 次 ×3	12	5.83 ± 2.45
5. 蛙跳 25 次 ×5 （间歇 1 分）	14	16.32 ± 3.10

（2）专项性力量训练

速滑运动员专项性力量训练，是按照速滑运动的技术动作特点，安排的一类可以改善滑冰动作专项原动肌群质量、均衡发展两髋和两膝关节周围肌群力量和协调性的手段。关于速滑专项性力量训练的研究报道较少，目前在训练中广泛采用的专项性力量训练手段，针对性和实效性有待于深入的研究。

专项性力量训练的监测结果列于（表 7 – 19）。前 4 个手段为等长性静力训练，这是提高低姿滑行能力的有效手段。负荷后的血乳酸浓度和负荷中最高心率均提示这类手段以有氧代谢为主。维持这类姿势的原动肌主要是股四头肌和骶棘肌。后两种手段只不过是在静力性蹲屈姿势的基础上，加上重心水平移动，将身体重心交替性地施加在某一条腿上，以减少单纯静蹲的枯燥性，使训练的难度增加，专项性更强。手段

5 和 6 分别具有不同程度的专项爆发力性特征。3.5 千克的阻力下快速蹬动 30 秒（频率 27～34 次/30 秒），虽然在时间上应以 ATP—CP 供能为主要过程，但是平均血乳酸浓度达 8.25 ± 0.45mmol/L 表明，这个手段是磷酸原代谢和糖酵解代谢共同供能。这同等动蹬力器始终能使肌肉发挥出较大的力量、在各关节角度用力基本均等、对机体可以构成足够大的刺激这些特性有关。最后一种手段是在固定坐姿的形式下发展下肢蹬伸力的练习手段，该动作似乎有助于对蹬冰最后阶段爆发力的提高有利，但从强度和持续时间的安排上，却趋向于发展耐力性力量。

表 7-19　优秀速滑运动员专项性力量训练的血乳酸浓度及心率

内　　容	N	血乳酸（mmol/L） $X \pm SD$	心率（次/分） $X \pm SD$
1. 模仿性双腿静力深蹲（膝关节角度 85～90° ×5～8 分 ×2	9	3.78 ± 1.27	137.0 ± 10.4
2. 模仿性单腿静蹲（30 秒换腿）×15 分	8	3.15 ± 0.39	136.9 ± 11.2
3. 10 千克负重模仿性蹲移重心（2 分慢 +30 秒休 +1 分中 +30 秒休 +30 秒快 +1 分休）	7	4.35 ± 0.87	154.0 ± 17.2
4. 徒手模仿蹲姿移重心 3 分 ×2	14	4.40 ± 2.11	151.7 ± 6.40
5. 等动蹬力器快速蹬动（3.5 千克阻力）	7	8.25 ± 0.45	172.4 ± 10.4
6. 侧前滑跳 20 步 ×2	5	3.53 ± 1.40	161.3 ± 18.3
7. 八功能训练器坐姿下肢快速屈伸 2 分 ×2（休 1 分，负荷 2 片）	9	3.43 ± 0.79	158.8 ± 8.50

（3）综合性力量训练

在各项目力量训练中，通常采用综合性力量训练的手段加强训练的趣味和实效。通过综合性力量训练可以全面地发展力量素质。（表 7-20）中的血乳酸浓度监测结果表明，尽管手段 1～6 的内容安排大致包括周期性项目所需的全部力量素质训练内容，但各类安排却有以某一方面力量素质为主的特征。手段 1 是一种倒金字塔的安排，平均血乳酸浓度较高可能是这种手段顺序所导致的结果，显然这种较高浓度的血乳酸增加了训练中运动员因疲劳而受伤的可能性，同时也可能对训练效果产生不利的影响。手段 7 是一般性耐力力量和最大力量的循环性安排，仅对发展一般性的力量有效。手段 2～6 的血乳酸浓度在 2.73～4.70mmol/L，其内容的特点提示，它们应为有氧代谢和无氧代谢中的磷酸原代谢共同供给能量。手段 7 为有氧——无氧混合代谢供能的方式供给能量。

表 7-20　优秀速滑运动员综合性力量训练的血乳酸浓度

性别	内　容	N	血乳酸（mmol/L）$X \pm SD$
男	1. 150 千克卧蹬 20 次 + 原地纵跳 70 次 + 单腿原地纵跳各 20 次 + 40 千克蹲跳 80 次	6	11.40 ± 2.26
女	2.（50 千克蹲 20 次 + 原地纵跳 10 次）×2	6	3.71 ± 0.69
	3.（60 千克蹲 15 次 + 蛙跳 10 次）×2	6	4.70 ± 1.25
	4.（70 千克蹲 10 次 + 跨步跳 10 次）×2	8	4.65 ± 1.52
	5. 50 千克蹲跳 20 次 + 徒手蹲跳 7 次 + 60 千克蹲 15 次 + 原地纵跳 7 次 + 70 千克蹲 10 次 + 单千克跳 3 次 + 抱膝跳 10 次	8	2.73 ± 0.42
	6.（负重 10 千克单腿连续侧蹬各 15 次 + 蹲跳 20 次）×2	9	4.10 ± 1.92
	7. 70 千克蹲 20 次 + 80 千克蹲 5 次 + 110 千克蹲 3 次	4	5.80 ± 1.54

通过对优秀速滑运动员 34 种常用力量训练手段负荷后血乳酸浓度的分析，可以按代谢的特征将这些手段分成 3 类：①以无氧代谢中磷酸原代谢类型供能为主的训练手段，包括发展最大力量和爆发力的各种手段；②以有氧——无氧糖酵解混合代谢方式供能的手段，包括耐力性力量训练的各种手段；③以无氧糖酵解供能方式为主的训练手段，包括一般性爆发力训练中的手段 5 和综合性力量训练的手段 1。这 2 个手段所致的高浓度血乳酸水平，会对改善最大力量和爆发力产生不良的影响，增加训练中运动员发生损伤的机会。

（二）冰上训练

冰上训练是速度滑冰训练中最突出专项特点的一类训练。很明显，对于改进和完善直道、弯道滑跑技术和起跑技术来说，任何非冰上训练手段也得不到穿上冰鞋在冰上滑跑各类训练手段的显著效果。冰上训练要严格地遵照各种冰上训练内容对心血管系统和神经肌肉系统的影响规律进行安排。多年的冰上训练实践表明，客观、科学的冰上训练安排可以使一个优秀运动员获得成功，反之，不符合客观实际的冰上训练安排将导致他垮台甚至不得不提前结束运动生涯。

冰上训练另一个突出的特点，是全部运动都在冷环境中完成。这种冷环境将对机体的代谢产生一定的影响。因此，冰上各种训练内容的血乳酸浓度，不具有鲜明的有氧和无氧代谢界限。有鉴于此，按照各种训练手段的内容特点，将冰上训练分成一般耐力性、速度耐力性训练以及具有一般耐力和速度耐力特征的冰上综合性训练分别进行分析和讨论。

1. 冰上一般耐力性训练

冰上一般耐力性训练具有负荷强度较小，持续作业时间长的明显特征。这类手段就其生物效应而言，是改善肌肉的专项有氧代谢能力和提高机体呼吸、循环系统的机能。机体在运动中动用的物质和能量代谢体系以有氧——无氧混合代谢供能为主。

表 7-21　冰上耐力性训练手段的强度与血乳酸浓度

性别	内　容	N	强　度(M/s) $X \pm SD$	血乳酸(mmol/L) $X \pm SD$
男	1. 100 圈匀速	7	10.06 ± 0.45	8.90 ± 0.75
	2. 70 圈变速	4	$9.65 \pm 2.10\ (7.04 \sim 11.86)$	9.46 ± 1.87
	3. 60 圈加速	4	$10.05 \pm 1.48\ (9.0 \sim 11.1)$	9.52 ± 4.10
	4. 50 圈变速	9	$9.84 \pm 0.74\ (8.85 \sim 11.76)$	8.33 ± 3.78
	5. 40 圈匀速	7	9.29 ± 0.81	9.47 ± 2.99
	6. 30 圈×2	6	9.29 ± 1.64	9.20 ± 2.16
	7. 20 圈变速	6	$9.41 \pm 2.10\ (6.34 \sim 12.35)$	6.37 ± 3.79
	8. 15 圈×4 匀速 (组间休 1 圈)	6	9.28 ± 1.62	7.45 ± 3.56

性别	内　容	N	强　度(M/s) $\bar{X} \pm SD$	血乳酸(mmol/L) $\bar{X} \pm SD$
女	9. 10 圈×2/4 匀速 （组间休1圈）	58	10. 16 ±2. 10	7. 14 ±3. 43
	10. 40 圈匀速	9	9. 78 ±0. 61 （9. 02 ~9. 94）	9. 13 ±4. 03
	11. 30 圈×2 变速 （8 圈慢 +2 圈快）	19	9. 42 ±2. 95 （4. 5 ~11. 4）	10. 85 ±4. 34
	12. 25 圈匀速	4	8. 62 ±0. 58	5. 32 ±2. 22
	13. 20 圈×2 匀速	21	9. 28 ±0. 65	6. 63 ±3. 18
	14. 15 圈×2/4 匀速 （组间休1圈）	22	8. 76 ±0. 81	4. 99 ±2. 39
	15. 10 圈×2/5 匀速 （组间休1圈）	83	9. 21 ±0. 96	6. 39 ±2. 27
	16. 9 圈×3 （间歇2分）	13	8. 27 ±0. 65	8. 53 ±3. 65
	17. 8 圈×3 （间歇2分）	10	8. 48 ±1. 27	8. 09 ±3. 11

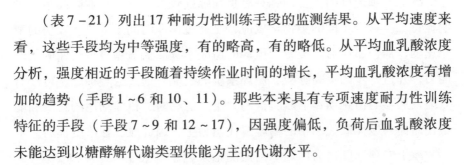

（表7 - 21）列出 17 种耐力性训练手段的监测结果。从平均速度来看，这些手段均为中等强度，有的略高，有的略低。从平均血乳酸浓度分析，强度相近的手段随着持续作业时间的增长，平均血乳酸浓度有增加的趋势（手段 1 ~6 和 10、11）。那些本来具有专项速度耐力性训练特征的手段（手段 7 ~9 和 12 ~17），因强度偏低，负荷后血乳酸浓度未能达到以糖酵解代谢类型供能为主的代谢水平。

持续作业时间在 15 ~60 分钟之间的这些长或超长距离中速度冰上滑跑手段，导致机体负荷后血乳酸浓度偏高的现象，与陆上其他周期性项目的同类训练手段对血乳酸产生的影响有明显的区别。众所周知，在中等强度下进行较长时间的运动，机体能量绝大部分来自有氧代谢系统，基本上不动用无氧糖酵解代谢方式为这种性质的运动提供能量。以中等速度完成长或超长距离冰上训练导致机体产生这么高的血乳酸值，可以归结为 2 个方面的原因：（1）滑冰项目所特有的技术动作决定了在滑跑过程中躯干和下肢大块肌群要完成较多的等长收缩，其中维持躯干"团身"或者"猫背"动作的肌群，甚至在整个滑跑过程中都进行等长收缩，使做功肌群内的血流量减少，氧供给不足，不得不动用糖酵解代谢方式供能；（2）滑冰是在冷环境中进行的一项运动，因而机体热量散失较快，能量消耗中有相当一部分要用于维持体温，增加了机体对能量的需求。由于机体温度和环境温度相差极大，所以机体不能以排汗的形式来清除运动中体内产生的酸性代谢产物，使运动过程中产生的乳酸等酸性代谢产物滞留在机体之中。基于速滑运动的这个特点，尽管中等速度长或超长距离的冰上滑行血乳酸浓度较高，但是因这类手段在强度方面不具有速度耐力性训练的典型强度特征，可以认为这类手段仅具有改善专项一般性耐力的生物学效果。手段 7～9 和 12～15 也因其强度偏低而未能使机体明显地动用糖酵解代谢供能，其生物学效果限于改善一般性专项耐力的范围。

2. 冰上速度性耐力训练

冰上专项速度耐力性训练具有负荷强度较大，持续作业时间中等的明显特征。这类手段的生物学效应，是通过作业时间不太长、较快的滑跑速度，加快肌肉对这类专项运动的适应，提高无氧糖酵解代谢的供能能力，并进一步的提高呼吸、循环系统的机能。通过这类训练，可以有效地发展参与滑跑动作下肢肌群的力量。运动时，机体动用的物质和能量代谢体系以无氧代谢中的糖酵解代谢为主，因此血乳酸浓度偏高。

冰上专项速度耐力性训练的监测结果列于（表 7－22）和（表 7－23）之中。（表 7－22）中某些手段显然同（表 7－21）中所列的某些手段有所相同，但平均滑跑速度方面具有明显的统计学差异（P ＜0.05，P ＜0.01），因此归入专项速度耐力训练手段中进行讨论。这类手段的速度强度较大，单一手段持续作业时间在 2.5～9 分钟，具有速度耐力性手段安排的基本特征，有利于提高呼吸、循环系统机能和改善无氧糖酵解代谢供能的能力。

表 7 – 22   冰上速度耐力训练手段的强度与血乳酸浓度

性别	内 容	N	强 度（M/s） $X \pm SD$	血乳酸（mmol/L） $X \pm SD$
男	1. 15 圈 ×1	5	11. 40 ± 0. 40	12. 22 ± 3. 30
	2. 7 圈 ×3（间歇 1.5 分）	16	11. 32 ± 0. 30	10. 10 ± 2. 33
	3. 5 圈 ×3/4（间歇 1.5 分）	13	11. 45 ± 0. 19	13. 45 ± 3. 22
女	4. 15 圈 ×1	4	11. 30 ± 0. 57	12. 36 ± 4. 25
	5. 9 圈 ×1	6	9. 79 ± 0. 20	9. 53 ± 2. 53
	6. 7 圈 ×3（间歇 1.5 分）	6	10. 13 ± 0. 71	9. 04 ± 0. 49
	7. 6 圈 ×2（间歇 1.5 分）	13	9. 87 ± 0. 74	10. 81 ± 1. 50
	8. 5 圈 ×4（间歇 1.5 分）	19	10. 22 ± 0. 91	8. 46 ± 2. 79

表 7 – 23   冰上速度和速度耐力性训练手段的强度与血乳酸浓度

性别	内 容	N	强 度（M/s） $X \pm SD$	血乳酸（mmol/L） $X \pm SD$
男	1. 1 圈 ×5 （间歇 1 圈）	6	13. 10 ± 0. 70	1. 45 ± 3. 87
	2. 2 圈 ×4 （间歇 1 圈）	13	12. 57 ± 0. 43	9. 42 ± 2. 38
	3. 3 圈 ×5/6 （间歇 2 分）	32	11. 64 ± 0. 96	11. 36 ± 2. 44
	4. 4 圈 ×5 （间歇 2 分）	12	11. 71 ± 0. 74	14. 70 ± 2. 54
	5. 500 米模拟比赛	11	12. 28 ± 0. 29	14. 10 ± 3. 44
	6. 600 米加速	7	11. 42 ± 0. 43	7. 20 ± 1. 27
女	7. 1 圈 ×3/5 （间歇 1 分）	77	12. 36 ± 0. 73	12. 12 ± 3. 50
	8. 1 圈 ×3/5 （间歇 1 圈）	31	11. 71 ± 0. 80	9. 70 ± 2. 99
	9. 2 圈 ×3 ×2 （间歇 1.5 分 组间 5 分）	98	11. 52 ± 0. 83	11. 61 ± 3. 43
	10. 2 圈 ×5 （间歇 1 圈）	16	11. 02 ± 0. 28	11. 62 ± 2. 69
	11. 3 圈 ×4 （间歇 2 分）	72	10. 05 ± 0. 85	9. 61 ± 3. 04
	12. 3 圈 +2 圈 +1 圈 （项目间歇 1 圈，组间 8 分）	41	10. 18 ± 0. 69	10. 04 ± 2. 85
	13. 3 圈 ×3 （间歇 1 圈）	14	10. 29 ± 0. 52	8. 96 ± 3. 71
	14. 4 圈 ×3 （间歇 1 圈）	9	9. 97 ± 0. 04	10. 30 ± 2. 64
	15. 500 米模拟比赛	12	11. 25 ± 0. 19	11. 98 ± 1. 64
	16. 起跑 600 米	7	11. 67 ± 0. 79	11. 57 ± 3. 62
	17. 起跑 300 米	7	10. 98 ± 0. 31	11. 46 ± 1. 43

（表7–23）中所列出的17项训练手段，除了具备（表7–22）中描述的速度耐力性训练手段的特征外，突出的表现出短距离速滑项目速度耐力性训练的特点。除手段2、6、8和13以外，其他手段的平均血乳酸值均大于10mmol/L，客观地体现了短距离项目的代谢特点。

手段16是带有完整起跑动作的快速滑，与手段6加速滑相比，滑跑速度和血乳酸浓度均存在明显的统计学差异（P<0.01）。手段16与17的距离不同，但同样含有完整的起跑动作，且血乳酸浓度和平均滑跑速度间无明显的统计学差异（P>0.05）。这提示，完成起跑动作的做功肌群多，产生的力量较大，可造成血乳酸浓度偏高的结果，在轴辘训练的起跑练习中也有同样的现象。在进行速度训练安排时，尽可能地采用短段落的加速滑，避免机体过多地动用无氧糖酵解代谢供能，影响速度性训练的效果。

在冰上训练实践中发现，冰上训练典型速度性练习安排，是一种称之为"动协"的手段。它是以较快的频率和流畅地加速形式滑跑100米左右距离。一般在每次训练课中都要采用几次。通过对该手段的监测证明，在所有的冰上训练手段中，仅有"动协"属于真正的速度性练习（血乳酸浓度为3.21±2.17mmol/L，N=21）。

3. 冰上综合性耐力训练

兼有一般性耐力和速度性耐力的冰上综合性耐力训练手段的监测结果列于（表7–24）中。14种手段安排上的变化较多，有的偏重于发展一般性专项耐力，有的偏重于发展速度耐力，还有的偏重于改善直道或弯道滑跑技术。凡是专项速度耐力性训练的内容安排在一般性耐力训练结束之后，也就是强度大的内容安排在后面，机体的血乳酸浓度水平就高，反之则低。这类负荷内容的丰富变化，对运动员提高滑跑的综合能力非常有益。通过增加训练的趣味性、实用性，可以提高运动员在比赛中灵活运用战术的能力。

表 7 – 24　冰上综合性耐力训练的强度与血乳酸浓度

内　　　容	N	强　度（米/秒） $X \pm SD$	血乳酸（mmol/L） $X \pm SD$
1. 10 圈 + 5 圈 + 7 圈 × 3	12	8.95 ± 0.63	7.27 ± 2.69
2. 8 圈 + 4 圈 + 2 圈 × 3（间歇 2 分）	43	8.69（8.52 ~ 10.67）	9.17 ± 2.63
3. 7 圈 + 5 圈 + 3 圈 × 2	17	9.50（8.41 ~ 10.66）	6.94 ± 3.70
4. 5 圈 + 4 圈 + 2 圈	13	9.50（9.20 ~ 9.89）	6.91 ± 1.04
5. 5 圈 + 3 圈 + 2 圈 + 1 圈 × 5（间歇 1 圈）	48	10.14（9.46 ~ 12.15）	10.29 ± 3.22
6. 5 圈 + 3 圈 + 2 圈 × 4（间歇 1 圈）	16	9.95（8.93 ~ 11.21）	10.41 ± 2.83
7. 3 圈 + 4 圈 + 5 圈 + 4 圈 + 3 圈 × 2	13	9.25（8.37 ~ 10.74）	6.60 ± 0.79
8. 3 圈快 + 2 圈慢 + 1 圈快 + 1 圈慢 + 2 圈快 + 1 圈慢 + 1 圈快	11	9.21（6.88 ~ 11.05）	10.26 ± 3.21
9. 3 圈慢 + 4 圈中 + 5 圈快 + 4 圈中 + 3 圈快	9	8.97（8.37 ~ 10.67）	6.60 ± 0.79
10. 2 圈快 + 3 圈中 + 4 圈快 + 3 圈中 + 2 圈快	12	9.25（8.35 ~ 10.74）	6.80 ± 2.00
11. 2 圈加速 + 1 圈休 + 3 圈加速	5	——	9.72 ± 3.30
12. 1 圈慢 + 2 圈快 + 3 圈慢 + 2 圈快 + 1 圈慢	11	9.55（8.19 ~ 11.13）	7.80 ± 2.34
13. 150 米加速 + 150 米全力 + 150 米大步	10	——	10.80 ± 1.62
14. 600 米（直道大步滑 + 弯道加速滑）	5	——	9.30 ± 1.77

　　通过对以上 57 种常用训练手段的分析，冰上训练手段中仅有一种称之为"动协"的手段属于速度性训练，其余 56 种训练手段按手段内容的特点和负荷后的血乳酸浓度水平可以分成 3 类：（1）一般专项耐力性训练，包括（表 7 – 21）内的 17 种训练手段，它们以强度中等，持续作业时间较长、以有氧——无氧混合代谢供能为基本特征，有利于发展一般性专项耐力和改进技术；（2）专项速度耐力性训练，包括（表 7 – 22）和（表 7 – 23）所列的 25 种手段，它们以负荷强度大，持续作业时间中等、血乳酸浓度较高为特征，这表明机体在完成这类训练手段过程中，以动用无氧糖酵解代谢供能为主，有利于提高机体的专项无氧代谢供能水平和肌肉的专项耐力力量，可以极大地改善呼吸和循环

第七章　速滑项目常用训练手段与血乳酸

167

系统的机能能力；（3）综合性耐力性训练，包括（表7－24）所列的14种手段。它们兼有一般性专项耐力和速度耐力训练手段的特征。对增加训练的趣味性和实用性、提高运动员在比赛中灵活运用战术的能力非常有益。

三、小　结

● 陆上常用的9类158种手段按代谢特征可以分成4类（表7－25）；冰上常用的57种手段按运动素质可以分成4类（表7－26）。在冰上常用训练手段中，速度性训练手段仅有一种。这提示，冰期训练中应适当地安排一些陆上速度性训练手段，以维持肌肉已具有的快速收缩能力和与磷酸原代谢有关的酶的活性。

● 冰上训练手段的分析结果表明，冷环境和该项目特有的动作可以导致在中等强度负荷下就动用无氧糖酵解供能，因此血乳酸浓度水平高于陆上其他周期项目的同类训练。非常有必要就速滑冰上训练的这个特点进行深入的研究和探讨。

● 从常用训练手段对肌肉产生作用的角度分析，速滑运动员的专项力量，大部分来自冰上训练，因此，专项最大力量和专项速度力量的训练效果欠佳，缺少象其他周期项目专项力量训练同样有效的手段。这已经成为制约我国速度滑冰水平普遍提高的一个重要因素。

表7－25　不同手段陆上训练的强度与代谢特点

手段内容	强度单位	强度 $\overline{X} \pm SD$	强度 $\overline{X} \pm SD$	血乳酸(mmol/L) 主要代谢物质	主要运动素质
场地自行车					
15圈×1	速度	9.29±0.27	5.80±2.43	有氧无氧混合代谢	一般耐力
10圈×2	（米/秒）	9.60±0.30	7.29±2.31	有氧无氧混合代谢	一般耐力
7圈×2		9.93±0.40	7.11±2.01	有氧无氧混合代谢	一般耐力
5圈×3		10.38±0.36	8.17±2.47	有氧无氧混合代谢	一般耐力
（3圈+2圈+1圈）×2		11.98±0.28	8.98±3.46	无氧糖酵解代谢	速度耐力

手段内容	强度单位	$\overline{X} \pm SD$	强度 $\overline{X} \pm SD$	血乳酸(mmol/L) 主要代谢物质	主要运动素质
3 圈×3(间歇)		11.11±0.62	9.12±2.88	无氧糖酵解代谢	速度耐力
2 圈×2(间歇)		12.01±0.73	9.60±3.45	无氧糖酵解代谢	速度耐力
1 圈×3(间歇)		12.93±0.77	11.75±3.16	无氧糖酵解代谢	速度
短冲150M×2		16.64±2.30	9.53±2.34	无氧磷酸原代谢	速度
公路自行车					
40～80KM		7.65±0.69	3.21±2.07	有氧代谢	一般耐力
5KM×6		16.65±2.26	4.30±1.51		
35～60KM		10.00±1.04	4.96±2.71	有氧代谢	一般耐力
坡路自行车					
200～500M		6.72±0.98	8.69±2.08	无氧代谢	速度和速度耐力
固定自行车					
50～60KM(无阻力)		8.10±1.18	2.20±0.75	有氧代谢	耐力
88秒×2(间歇5分, 阻力3千克)	功率 (瓦)	355.3±41.7	8.78±2.54	有氧无氧混合代谢	一般耐力
(50秒+25秒)×3(阻力2千克+阻力3千克)		358.3±46.7	6.40±2.35	有氧无氧混合代谢	一般耐力
55秒×2(间歇5分, 阻力3千克)		439.3±18.2	12.83±1.87	无氧代谢	速度耐力
26秒×2(间歇5分, 阻力3千克)		512.0±67.5	13.80±2.03	无氧代谢	速度
12秒×1(阻力3.1千克)		572.5±20.5	7.50±2.55	无氧代谢	速度
10秒×5(间歇30秒, 阻力3千克)		669.0±134.8	7.70±1.48	无氧代谢	速度
8秒×5(间歇20秒, 阻力4千克)		712.7±87.9	7.40±1.21	无氧磷酸原代谢	速度
徒手屈走					
8～20分钟(80米/圈)	—		<4	有氧代谢	一般耐力
2分钟×10×2间歇	—		<4	有氧代谢	一般耐力
(30秒快速+30秒慢跑)×20	—		<4	有氧代谢	一般耐力
3～5圈(80米/圈)	—		<4	有氧代谢	一般耐力
(1/2圈+1/2圈慢跑) ×5×3组间歇	—		<4	有氧代谢	一般耐力
50米快速×8组间歇	—		<4	有氧代谢	一般耐力
4分×5间歇	—		<4	有氧代谢	一般耐力

手段内容	强度单位	$\overline{X} \pm SD$	强度 $X \pm SD$	血乳酸(mmol/L) 主要代谢物质	主要运动素质
坡路负重屈走(10千克,坡度7~10°)					
50米上+50米下×3		2.39±1.16	4.75±1.37	有氧代谢	一般耐力
50米下+50米上×3		3.30±1.09	5.50±1.95	有氧代谢	一般耐力
100米上+100米下×2		1.70±0.31	5.61±2.10	有氧代谢	一般耐力
100米下+100米上×2		1.84±0.13	6.24±1.93	有氧代谢	一般耐力
200米上+200米下×2		1.40±0.05	5.62±1.42	有氧代谢	一般耐力
200米下+200米上×2		1.49±0.14	6.84±2.43	有氧代谢	一般耐力
300米上+300米下		1.33±0.04	5.86±2.05	有氧代谢	一般耐力
50米下		7.05±3.67	4.84±1.69	无氧磷酸原代谢	速度
场屈走综合性					
(200米屈走+40步滑跳+300米跑)×3~5	—	12.03±3.04		无氧代谢	速度耐力
滑跳					
30秒滑跳×10(间歇30秒)	步频(次/分)	53.79±4.71	5.10±2.93	有氧无氧混合代谢	专项耐力
2分滑跳×10组(间歇3分)		58.06±1.01	5.03±0.68	有氧无氧混合代谢	专项耐力
5分滑跳×3组(间歇5分)		59.62±4.31	5.10±0.79	有氧无氧混合代谢	专项耐力
8分滑跳×2组(长间歇)	—	4.25±1.42		有氧无氧混合代谢	专项耐力
7/8次双侧滑跳×10组(间歇30秒)	—	3.60±1.21		无氧磷酸原代谢	转项爆发力
1分滑跳×5(间歇30秒)		46.10±3.60	6.50±2.31	无氧代谢	专项耐力
2分滑跳×10(间歇2分)		52.50±5.21	7.21±2.93	无氧代谢	专项耐力
5分滑跳×4组(间歇3分)		42.70±4.60	3.64±1.74	无氧代谢	专项耐力
滑板					
1′10″40步包干×5′×3组	心率(次/分)	186.2±8.14	12.80±1.21	无氧糖酵解代谢	速度耐力
1′20″38步包干×5′×3组		183.0±4.30	13.37±2.70	无氧糖酵解代谢	速度耐力
1′20″40步包干×5′×3组		179.8±3.40	11.19±2.72	无氧糖酵解代谢	速度耐力
1′20″36步包干×5′×3组		184.0±7.50	9.17±2.08	无氧糖酵解代谢	速度耐力
男子1′10″36步包干×5′×2组		182.6±4.30	7.10±1.76	无氧磷酸原代谢	转项速度
(40″快+20″慢)×5′×3组		164.8±5.90	8.19±2.34	有氧无氧混合代谢	专项耐力
(20″慢+40″快)×5′×2组		167.6±6.20	7.11±2.19	有氧无氧混合代谢	专项耐力
(30″慢+30″快)×3×2		175.7±6.40	6.48±1.67	有氧无氧混合代谢	专项耐力

170

手段内容	强度单位	$\overline{X}\pm SD$	强度 $X\pm SD$	血乳酸(mmol/L) 主要代谢物质	主要运动素质
(30″滑+30″休)×5×2		173.1±7.90	8.50±2.71	有氧无氧混合代谢	专项耐力
(50″/10″休+40″/20″休+30″/30休+20″/40″休+10″/50″)×2		169.4±8.60	7.05±1.84	有氧无氧混合代谢	专项耐力
(2′30″/5′休)×4组长(间歇)	—	6.11±1.15		有氧无氧混合代谢	专项耐力
(45″/20″休)×5(间歇)		6.50±1.05		有氧无氧混合代谢	专项耐力
(40″+20″休)×5×3(间歇)		4.81±2.27		有氧无氧混合代谢	专项耐力
20 步×3		5.33±1.81		无氧磷酸原代谢	专项速度
30 步×3		5.15±1.79		无氧磷酸原代谢	专项速度
5′×2组(匀速)		156.7±11.2	4.60±2.27	有氧无氧混合代谢	一般耐力
3′~4′匀速×2组		3.95±1.54		有氧无氧混合代谢	一般耐力
10′×2		170.3±9.80	7.50±1.27	有氧无氧混合代谢	一般耐力
公路轮鞝					
上坡滑80米×5×2(男)	速度(米/秒)	—	6.6±1.53	无氧磷酸原代谢	专项速度
起跑100米×10(男)	—	14.9±3.60		无氧代谢	专项速度
200 米×6(男)	—	4.4±0.87		无氧磷酸原代谢	专项速度
1000 米×4(男)		5.65±0.12	8.4±2.63	有氧无氧混合代谢	速度耐力
2000 米×5×2(男)		6.25±0.57	8.8±3.66	有氧无氧混合代谢	速度耐力
4000 米×5(男)		6.47±0.40	7.2±1.76	有氧无氧混合代谢	速度耐力
6000 米×5(男)		5.26±1.80	8.1±0.84	有氧无氧混合代谢	速度耐力
8000 米×2(男)		5.49±1.49	2.9±1.05	有氧代谢	一般耐力
15000 米(男)		5.23±1.87	4.3±2.84	有氧代谢	一般耐力
20000 米(男)		5.03±0.65	2.7±2.40	有氧代谢	一般耐力
(30″+30″休)×14′×3间歇(男)	—	5.1±3.50		有氧无氧混合代谢	一般耐力
上坡滑80米×5×2(女)	—	8.1±3.10		无氧磷酸原代谢	专项速度
起跑100米×10(女)	—	10.1±2.00		无氧代谢	专项速度
1000 米×7(女)		4.76±2.84	7.3±1.90	有氧无氧混合代谢	速度耐力
2000 米×5(女)		4.26±2.63	7.0±2.40	有氧无氧混合代谢	一般耐力
4000 米(女)		5.03±2.14	7.4±1.68	有氧无氧混合代谢	一般耐力
(1′+1′休)×6×4间歇(女)	—	6.2±2.46		有氧无氧混合代谢	速度耐力
(20″慢+20″快变速)×2/4×3(女)		6.9±2.08		有氧无氧混合代谢	速度耐力
(1′+30″休)×6×2间歇(女)	—	6.2±2.19		有氧无氧混合代谢	速度耐力

手段内容	强度单位	$\overline{X} \pm SD$	强 度 $X \pm SD$	血乳酸(mmol/L) 主要代谢物质	主要运动素质
(1′20″+1′休)×3/5 ×2 间歇(女)	—	5.7±1.93		有氧无氧混合代谢	速度耐力
5000 米×2(女)	—	3.8±1.02		有氧代谢	一般耐力
12′×2(女)		5.65±0.88	7.3±1.99	有氧无氧混合代谢	速度耐力
场地轱辘(160M/圈)					
1 圈×10(间歇 50″)		5.63±0.63	6.2±0.64	无氧磷酸原代谢	专项速度
(2 圈×5)×2(间歇 1′30″)		5.45±0.27	5.92±2.00	有氧无氧混合代谢	专项耐力
3 圈×5(间歇 1′30″)		5.60±0.12	8.14±2.39	有氧无氧混合代谢	专项耐力
4 圈×5(间歇 2′)		5.44±0.18	8.55±1.22	有氧无氧混合代谢	专项耐力
(5 圈+2 圈慢)×2×3		5.03±0.31	4.75±1.95	有氧无氧混合代谢	一般耐力
8 圈	5.19±0.77		6.24±1.41	有氧无氧混合代谢	一般耐力
轱辘弯道					
(20″+20″休)×4×3	—	5.05±2.17		有氧无氧混合代谢	一般耐力
(40″+20″休)×3×3	—	5.70±2.86		有氧无氧混合代谢	一般耐力
(30″+30″休)×5×3	—	5.28±1.89		有氧无氧混合代谢	一般耐力
橡皮筋牵引弯道					
(坡路 15″+15″休) ×5′×4	心率 (次/分)	161.6±12.4	5.02±2.05	有氧无氧混合代谢	专项耐力
(坡路 20″+20″休)×5′×5		165.2±10.3	5.01±2.01	有氧无氧混合代谢	专项耐力
(平地 30″+30″休)×5′×2		154.0±8.7	2.91±0.83	有氧代谢	专项耐力
弯道交叉跳					
7 次×16(男)	步率 (步/分)	—	6.80±3.54	无氧代谢	专项爆发力
(2′+2′休)×10(男)		30.2±1.2	4.02±0.89	有氧无氧混合代谢	专项耐力
(30″+30″休)×10(男)		51.4±6.2	6.96±1.87	无氧代谢	专项爆发力
(15″+15″休)×10(男)		59.2±4.3	8.95±2.34	无氧代谢	专项爆发力
8 次×10(女)	—	4.76±2.94	无氧代谢	专项爆发力
(2′+2′休)×10(女)		45.4±3.2	7.43±2.35	有氧无氧混合代谢	专项耐力
(30″+30″休)×10(女)		52.3±4.7	5.97±2.56	无氧代谢	专项爆发力
(1′+30″休)×10(女)		56.5±3.1	7.84±1.77	有氧无氧混合代谢	专项耐力
跑台弯道					
1′×6	坡度 10°	—	2.90±2.32	有氧代谢	一般耐力
(30″+30″R)×8×2		5.10±2.93		有氧无氧混合代谢	专项耐力
7′×2		3.90±1.42		有氧代谢	一般耐力
1′×2	坡度 8°	—	5.63±2.44	有氧无氧混合代谢	专项耐力
(1′+20″休)×5	—	6.64±2.54		有氧无氧混合代谢	专项耐力

手段内容	强度 单位	$\overline{X} \pm SD$	强度 $\overline{X} \pm SD$	血乳酸(mmol/L) 主要代谢物质	主要运动 素质
1′30″×2	—	5.45±1.64		有氧无氧混合代谢	专项耐力
(20″+10″休)×5′×3	—	5.37±2.44		有氧无氧混合代谢	专项耐力
(20″+20″休)×5′×3	—	6.17±2.26		有氧无氧混合代谢	专项耐力
(30″+30″休)×6′×3	—	5.17±2.05		有氧无氧混合代谢	专项耐力
(或×7′×2)					
(40″+20″休)×5′×2	—	5.97±2.40		有氧无氧混合代谢	专项耐力
(30″慢+30″快)×2′×3	—	5.65±1.99		有氧无氧混合代谢	专项耐力
山地综合性坡度7~10°					
屈走100米+单向侧跳100米	速度	1.88±0.2	12.4±3.87	无氧糖酵解代谢	专项耐力
+50米换腿+弯道跳100米					
(米/秒)+跑100米)跑	心率				
长跑	(次/分)	154±9.1	3.1±0.79	有氧代谢	一般耐力
(50米+100米+200米+		181±7.2	8.21±2.92	有氧无氧混合代谢	速度耐力
300米)变速跑×2					
(50米+100米+150米+		174.1±12.5	6.73±3.14	有氧无氧混合代谢	速度耐力
200米+300米+400米+					
600米)变速跑×2					
10米×2	成绩	1.82±0.1			
20米×2	(秒)	2.49±0.3	4.88±1.46	无氧磷酸原代谢	速度
30米×2	4.43±0.1				
40米×2	5.75±0.2				
力量					
120千克×5次蹲(男)	—	2.10±1.54		无氧磷酸原代谢	最大力量
150千克×1次蹲(男)	—	1.86±1.87		无氧磷酸原代谢	最大力量
80千克×8次蹲(女)	—	2.76±0.86		无氧磷酸原代谢	最大力量
90千克×5次蹲(女)	—	2.31±0.73		无氧磷酸原代谢	最大力量
100千克×3次蹲(女)	—	2.01±1.02		无氧磷酸原代谢	最大力量
110千克×1次蹲(女)	—	1.89±1.23		无氧磷酸原代谢	最大力量
50千克蹲跳70次×5(男)	—	6.38±1.27		有氧无氧混合代谢	一般耐力
60千克蹲100/200次×1(男)	—	7.35±2.05		有氧无氧混合代谢	一般耐力
20千克蹲跳40~60次(女)	—	4.04±2.50		有氧无氧混合代谢	一般耐力
30千克半蹲60~90次(女)	—	4.18±1.31		有氧无氧混合代谢	一般耐力
30千克深蹲20次×3(女)	—	4.31±0.84		有氧无氧混合代谢	一般耐力
30千克弓步跳30次×3(女)	—	4.16±2.37		有氧无氧混合代谢	一般耐力
40千克蹲50次×1(女)	—	4.30±2.39		有氧无氧混合代谢	一般耐力

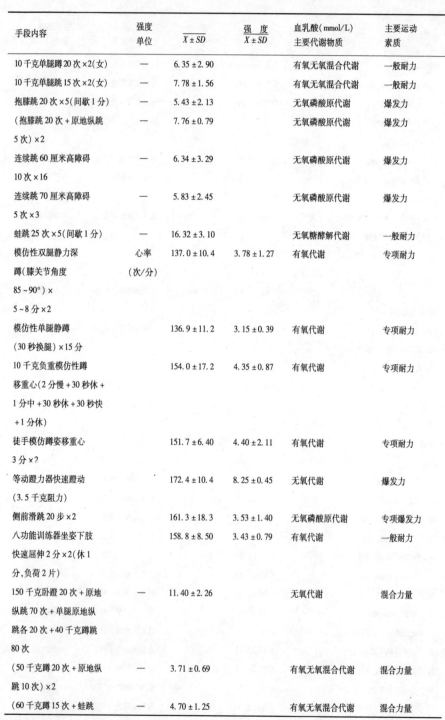

手段内容	强度单位	$\overline{X \pm SD}$	强度 $\overline{X \pm SD}$	血乳酸(mmol/L) 主要代谢物质	主要运动素质
10千克单腿蹲20次×2(女)	—	6.35±2.90		有氧无氧混合代谢	一般耐力
10千克单腿跳15次×2(女)	—	7.78±1.56		有氧无氧混合代谢	一般耐力
抱膝跳20次×5(间歇1分)	—	5.43±2.13		无氧磷酸原代谢	爆发力
(抱膝跳20次+原地纵跳5次)×2		7.76±0.79		无氧磷酸原代谢	爆发力
连续跳60厘米高障碍10次×16		6.34±3.29		无氧磷酸原代谢	爆发力
连续跳70厘米高障碍5次×3		5.83±2.45		无氧磷酸原代谢	爆发力
蛙跳25次×5(间歇1分)	—	16.32±3.10		无氧糖酵解代谢	一般耐力
模仿性双腿静力深蹲(膝关节角度85~90°)×5~8分×2	心率(次/分)	137.0±10.4	3.78±1.27	有氧代谢	专项耐力
模仿性单腿静蹲(30秒换腿)×15分		136.9±11.2	3.15±0.39	有氧代谢	专项耐力
10千克负重模仿性蹲移重心(2分慢+30秒休+1分中+30秒休+30秒快+1分休)		154.0±17.2	4.35±0.87	有氧代谢	专项耐力
徒手模仿蹲姿移重心3分×2		151.7±6.40	4.40±2.11	有氧代谢	专项耐力
等动蹬力器快速蹬动(3.5千克阻力)		172.4±10.4	8.25±0.45	无氧代谢	爆发力
侧前滑跳20步×2		161.3±18.3	3.53±1.40	无氧磷酸原代谢	专项爆发力
八功能训练器坐姿下肢快速屈伸2分×2(休1分,负荷2片)		158.8±8.50	3.43±0.79	有氧代谢	一般耐力
150千克卧蹲20次+原地纵跳70次+单腿原地纵跳各20次+40千克蹲跳80次	—	11.40±2.26		无氧代谢	混合力量
(50千克蹲20次+原地纵跳10次)×2		3.71±0.69		有氧无氧混合代谢	混合力量
(60千克蹲15次+蛙跳	—	4.70±1.25		有氧无氧混合代谢	混合力量

174

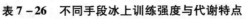

手段内容	强度单位	$\overline{X} \pm SD$	强度 $X \pm SD$	血乳酸(mmol/L) 主要代谢物质	主要运动素质
10 次）×2					
（70 千克蹲 10 次 + 跨步跳	—	4.65±1.52		有氧无氧混合代谢	混合力量
10 次）×2					
50 千克蹲跳 20 次 + 徒手	—	2.73±0.42		有氧无氧混合代谢	混合力量
蹲跳					
7 次 +60 千克蹲 15 次					
+原地纵					
跳 7 次 +70 千克蹲 10 次					
+单腿					
纵跳 7 次 +80 千克蹲					
5 次 + 蛙					
跳 10 次 +90 千克跳					
3 次 + 抱膝					
跳 10 次					
（负重 10 千克单腿连续侧蹬	—	4.10±1.92		有氧无氧混合代谢	混合力量
各 15 次 + 蹲跳 20 次）×2					
70 千克蹲 20 次 +80 千克跳 5	—	5.80±1.54		有氧无氧混合代谢	混合力量
次 +110 千克蹲 3 次					

表 7 – 26　不同手段冰上训练强度与代谢特点

内容	强度（米/秒） $X \pm SD$	血乳酸（mmol/L） $X \pm SD$	主要代谢物质	主要运动素质
100 圈匀速	10.06±0.45	8.90±0.75	有氧无氧混合代谢	一般专项耐力
70 圈变速	9.65±2.10	9.46±1.87	有氧无氧混合代谢	一般专项耐力
60 圈渐加速	10.05±1.48	9.52±4.10	有氧无氧混合代谢	一般专项耐力
50 圈变速	9.84±0.74	8.33±3.78	有氧无氧混合代谢	一般专项耐力
40 圈匀速	9.29±0.81	9.47±2.99	有氧无氧混合代谢	一般专项耐力
30 圈 ×2	9.29±1.64	9.20±2.16	有氧无氧混合代谢	一般专项耐力
20 圈变速	9.41±2.10	6.37±3.79	有氧无氧混合代谢	一般专项耐力
15 圈 ×4 匀速	9.28±1.62	7.45±3.56	有氧无氧混合代谢	一般专项耐力
（组间休 1 圈）				
10 圈 ×2/4 匀速	10.16±2.10	7.14±3.43	有氧无氧混合代谢	一般专项耐力
（组间休 1 圈）				

内　　　　容	强　度 （米/秒） $\bar{X} \pm SD$	血乳酸 （mmol/L） $\bar{X} \pm SD$	主要代谢物质	主要运动素质
40 圈匀速	9.78 ±0.61	9.13 ±4.03	有氧无氧混合代谢	一般专项耐力
30 圈×2 变速 （8 圈慢 +2 圈快）	9.42 ±2.95	10.85 ±4.34	有氧无氧混合代谢	一般专项耐力
25 圈匀速	8.62 ±0.58	5.32 ±2.22	有氧无氧混合代谢	一般专项耐力
20 圈×2 匀速	9.28 ±0.65	6.63 ±3.18	有氧无氧混合代谢	一般专项耐力
15 圈×2/4 匀速 （组间休 1 圈）	8.76 ±0.81	4.99 ±2.39	有氧无氧混合代谢	一般专项耐力
10 圈×2/5 匀速 （组间休 1 圈）	9.21 ±0.96	6.39 ±2.27	有氧无氧混合代谢	一般专项耐力
9 圈×3（间歇 2 分）	8.27 ±0.65	8.53 ±3.65	有氧无氧混合代谢	一般专项耐力
8 圈×3（间歇 2 分）	8.48 ±1.27	8.09 ±3.11	有氧无氧混合代谢	一般专项耐力
15 圈×1	11.40 ±0.40	12.22 ±3.30	无氧糖酵解代谢	专项速度耐力
7 圈×3（间歇 1.5 分）	11.32 ±0.30	10.10 ±2.33	无氧糖酵解代谢	专项速度耐力
5 圈×3/4（间歇 1.5 分）	11.45 ±0.19	13.45 ±3.22	无氧糖酵解代谢	专项速度耐力
15 圈×1	11.30 ±0.57	12.36 ±4.25	无氧糖酵解代谢	专项速度耐力
9 圈×1	9.79 ±0.20	9.53 ±2.53	无氧糖酵解代谢	专项速度耐力
7 圈×3（间歇 1.5 分）	10.13 ±0.71	9.04 ±0.49	无氧糖酵解代谢	专项速度耐力
6 圈×2（间歇 1.5 分）	9.87 ±0.74	10.81 ±1.50	无氧糖酵解代谢	专项速度耐力
5 圈×4（间歇 1.5 分）	10.22 ±0.91	8.46 ±2.79	无氧糖酵解代谢	专项速度耐力
1 圈×5（间歇 1 圈）	13.10 ±0.70	11.45 ±3.87	无氧糖酵解代谢	专项速度耐力
2 圈×4（间歇 1 圈）	12.57 ±0.43	9.42 ±2.38	无氧糖酵解代谢	专项速度耐力
3 圈×5/6（间歇 2 分）	11.64 ±0.96	11.36 ±2.44	无氧糖酵解代谢	专项速度耐力
4 圈×5（间歇 2 分）	11.71 ±0.74	14.70 ±2.54	无氧糖酵解代谢	专项速度耐力
500 米模拟比赛	12.28 ±0.29	14.10 ±3.44	无氧糖酵解代谢	专项速度耐力
600 米加速	11.42 ±0.43	7.20 ±1.27	无氧糖酵解代谢	专项速度耐力
1 圈×3/5（间歇 1 分）	12.36 ±0.73	12.12 ±3.50	无氧糖酵解代谢	专项速度耐力
1 圈×3/5（间歇 1 圈）	11.71 ±0.80	9.70 ±2.99	无氧糖酵解代谢	专项速度耐力
2 圈×3×2（间歇 1.5 分， 组间 5 分）	11.52 ±0.83	11.61 ±3.43	无氧糖酵解代谢	专项速度耐力
2 圈×5（间歇 1 圈）	11.02 ±0.28	11.62 ±2.69	无氧糖酵解代谢	专项速度耐力
3 圈×4（间歇 2 分）	10.05 ±0.85	9.61 ±3.04	无氧糖酵解代谢	专项速度耐力
3 圈 +2 圈 +1 圈 （项目间歇 1 圈,组 间 8 分）	10.18 ±0.69	10.04 ±2.85	无氧糖酵解代谢	专项速度耐力

内　　容	强度 （米/秒） $X \pm SD$	血乳酸 （mmol/L） $X \pm SD$	主要代谢物质	主要运动素质
3 圈 ×3（间歇 1 圈）	10. 29 ± 0. 52	8. 96 ± 3. 71	无氧糖酵解代谢	专项速度耐力
4 圈 ×3（间歇 1 圈）	9. 97 ± 0. 04	10. 30 ± 2. 64	无氧糖酵解代谢	专项速度耐力
500 米模拟比赛	11. 25 ± 0. 19	11. 98 ± 1. 64	无氧糖酵解代谢	专项速度耐力
起跑 600 米	11. 67 ± 0. 79	11. 57 ± 3. 62	无氧糖酵解代谢	专项速度耐力
起跑 300 米	10. 98 ± 0. 31	11. 46 ± 1. 43	无氧糖酵解代谢	专项速度耐力
动协	—	3. 21 ± 2. 17	无氧磷酸原代谢	专项速度
10 圈 +5 圈 +7 圈 ×3	8. 95 ± 0. 63	7. 27 ± 2. 69	有氧无氧混合代谢	混合性专项耐力
8 圈 +4 圈 +2 圈 ×3 （间歇 2 分）	8. 69（8. 52 ~ 10. 67）	9. 17 ± 2. 63	有氧无氧混合代谢	混合性专项耐力
7 圈 +5 圈 +3 圈 ×2	9. 50（8. 41 ~ 10. 66）	6. 94 ± 3. 70	有氧无氧混合代谢	混合性专项耐力
5 圈 +4 圈 +2 圈	9. 50（9. 20 ~ 9. 89）	6. 91 ± 1. 04	有氧无氧混合代谢	混合性专项耐力
5 圈 +3 圈 +2 圈 +1 圈 ×5（间歇 1 圈）	10. 14（9. 46 ~ 12. 15）	10. 29 ± 3. 22	有氧无氧混合代谢	混合性专项耐力
5 圈 +3 圈 +2 圈 ×4 （间歇 1 圈）	9. 95（8. 93 ~ 11. 21）	10. 41 ± 2. 83	有氧无氧混合代谢	混合性专项耐力
3 圈 +4 圈 +5 圈 +4 圈 +3 圈 ×2	9. 25（8. 37 ~ 10. 74）	6. 60 ± 0. 79	有氧无氧混合代谢	混合性专项耐力
3 圈快 +2 圈慢 +1 圈快 + 1 圈慢 +2 圈快 +1 圈慢 + 1 圈快	9. 21（6. 88 ~ 11. 05）	10. 26 ± 3. 21	有氧无氧混合代谢	混合性专项耐力
3 圈慢 +4 圈中 +5 圈快 + 4 圈中 +3 圈快	8. 97（8. 37 ~ 10. 67）	6. 60 ± 0. 79	有氧无氧混合代谢	混合性专项耐力
2 圈快 +3 圈中 +4 圈快 +3 圈中 +2 圈快	9. 25（8. 35 ~ 10. 74）	6. 80 ± 2. 00	有氧无氧混合代谢	混合性专项耐力
2 圈加速 +1 圈休 +3 圈加速	—	9. 72 ± 3. 30	有氧无氧混合代谢	混合性专项耐力
1 圈慢 +2 圈快 +3 圈慢 +2 圈快 +1 圈慢	9. 55（8. 19 ~ 11. 13）	7. 80 ± 2. 34	有氧无氧混合代谢	混合性专项耐力
150 米加速 +150 米全力 +150 米大步	—	10. 80 ± 1. 62	有氧无氧混合代谢	混合性专项耐力
600 米（直道大步滑 + 弯道加速滑）	—	9. 30 ± 1. 77	有氧无氧混合代谢	混合性专项耐力

主要参考文献

1. 李　言：血乳酸绝非万能．中国体育报．11 月 25 日．1992

2. 李诚志等：教练员训练指南．人民体育出版社．1992

3. 董国珍：运动训练与选材．辽宁大学出版社．1992

4. 浦均宗等：优秀运动员机能评定手册．人民体育出版社．1989

5. Holum, D. ,：The Complete Handbook of Speed Skating. Enslow Publishers, Hillside, New Jersey, 1984

6. 艾　地：荷兰速滑专家讲学稿．黑龙江省体育科学研究所．1990

7. Bremer, D.：New Factors in Endurance Events, Track Tech. （115）：2681, 1991

8. 全国体院教材委员会：运动训练学．人民体育出版社．1990

9. Groot, G. de, et al：Applied Physiology of Speed Skating, J. Sports Sci. , 7：249~259, 1987

10. 过家兴：运动训练学．北京体育学院出版社 1986

11. 北京体育学院生理教研室：运动生理学参考资料，北京体育学院 1985

12. Fink, W. J. , et al：Leg muscle meta－bolisom during exercise in the heat and cold. Eur. J. Appl. Physiol. 34：183~190, 1975

13. Quirion, A. , et al：Aerobic capacity, anaerobic threshold andcold exposure with speed skaters. J. Sports Med. Physic. Fit. 28 （1）：27~34, 1988

14. Sink, K. R. , et al：Fat energy use plasma lipid changes agsociated with exercise intensity temperature. Eur. J. Appl. Physiol 58：508~513, 1989

15. Therminarias, A. , et al：Influence of exposure of boold lactate response during incremental exercise. Eur. J. Appl. Physiol 58：411~418, 1989

16. 高维纬等：我国青少年速滑运动员比赛后血乳酸情况的调查，沈阳体育学院学报（4）：5~9, 1992

17. 郑锡明等：长距离速滑供能特点的探讨．第四届全国体育科学大会论文摘要汇编，中国体育科学学会 108~109, 1992

拳击与速度滑冰训练监控

第八章　速滑训练中的某些控制模型

一、前　言

对整个运动训练过程实施有效地控制，使各种训练方法和手段在这一过程中按照指定的方式运行，是实现运动训练最佳化的重要途径。运动训练学已经对训练过程的运行与控制机制进行了较为广泛的研究，阐明在运动训练过程中必须把握的五个重要环节，建立了运动训练过程控制的基本模式，为能够有效地控制运动训练过程奠定了理论基础。

随着运动训练的进步，有效地控制运动训练过程已经成为科学化训练的重要组成部分和必然趋势。国内外广大学者在控制训练过程方面进行了大量的研究，建立起各种各样的控制模型，其中大部分模型被人们所接受，并在运动实践中得到成功地应用。

有关速滑项目训练过程控制方面的研究报道较少。以原苏联学者研究的速滑运动员全年训练模式化方法为典型代表的研究，在宏观上归纳、概括出速滑运动训练的周期性规律。不同训练手段和方法在训练过程中所具有的意义和作用，大多局限于实验室研究方法，难以用来控制训练过程。本研究以目前公认的可以反应骨骼肌代谢情况并能合理安排负荷量和进行机能诊断的最实用指标——血乳酸入手，通过对我国优秀速滑运动员两个较为完整训练周期各种训练手段的监测，旨在寻找和建立速滑运动训练过程的某些控制模型途径，为有效地控制这个过程的某些方面提供具体、简便、实际、有效的方法。

二、对象与方法

（一）对　象

11 名男子运动员（运动健将 9 名、一级运动员 2 名；平均年龄 20.31±2.65 岁）和 33 名女子运动员（国际运动健将 1 名，运动健将 20 名，一级运动员 12 名；平均年龄 21.64±2.03 岁），共 44 名优秀速滑运动员为本研究的对象。他们分别受训于解放军速滑队、国家速滑集训队和国家奥运会集训队等我国优秀速滑队的 10 名高级教练员和 4 名中级教练员。

（二）研究方法

1. 主要仪器和试剂

主要仪器为 YSI 2300L 血乳酸分析仪和 YSI 23L 血乳酸分析仪（美国 YSI 公司）；酶膜和缓冲液分别来自美国 YSI 公司和山东生物制品研究所，标准液由 YSI 公司提供。

2. 血样采集及分析方法

在负荷后按照血乳酸浓度峰值的时间规律，由耳廓采集 20μl 动脉化血样，按照改良酶电极法立即进行仪器分析。

3. 相关资料采集

现场记录不同负荷的完成情况，获得有关运动训练学的强度参数。

（三）统计分析

通过分别标准化各种训练手段的强度，为不同手段拟合比较建立可比性条件。在常规数据统计处理的基础上，依次将不同训练手段标化后的强度和血乳酸浓度进行相关分析，确认指标间的相关关系。

三、结　果

（一）自行车训练强度与血乳酸浓度

（表 8 -1）内所列的相关分析结果表明，仅有女子优秀运动员的场地自行车训练的骑速与血乳酸浓度具有非常显著的相关关系（P ＜

0.01）。其他自行车训练手段的骑速与血乳酸浓度不存在明显相关关系（P＞0.05）。

女子场地自行车骑速与血乳酸回归分析见（图8－1），方程分别为：

Y 骑速 ＝9.27 ＋0.19 （血乳酸浓度）　　　　　　　　　1

Y 乳酸 ＝－4.75 ＋1.20 （骑速）　　　　　　　　　　　2

方程1 的自变量单位为 mmol/L，剩余标准误为1.14 米/秒；方程2 自变量单位为米/秒，剩余标准误为2.85mmol/L。

表8－1　自行车训练强度与血乳酸浓度的相关分析

性别	手　段	N	血乳酸 （mmol/L） $X \pm SD$	速度 （米/秒） $X \pm SD$	r
男	公路自行车	19	3.21 ±2.07	7.65 ±0.69	0.49
女	公路自行车	33	4.96 ±2.71	10.00 ±1.04	0.24
	坡路自行车	14	8.69 ±2.08	6.72 ±0.98	0.10
	场地自行车	171	8.33 ±3.25	10.88 ±1.30	0.48 **

＊＊P＜0.01

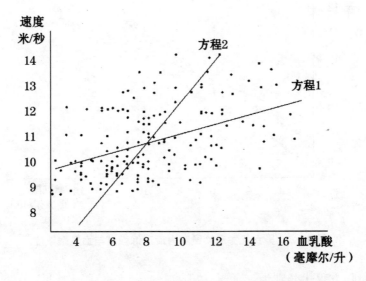

图8－1　女子场地自行车训练强度与血乳酸浓度

（二）冰上一般耐力滑强度与血乳酸浓度

冰上不同手段耐力性训练的强度与血乳酸浓度相关分析结果列于（表8-2）之中。这是对冰上耐力滑不同手段分别进行相关分析的显著性检验后，将具有显著性相关、而且是来自同一个总体不同手段和内容安排的一般耐力滑训练进行合并分析的结果。男女优秀运动员不同内容耐力滑训练的强度和血乳酸浓度呈非常明显的正相关关系（P<0.01）。

表8-2 男女优秀速滑运动员耐力滑的相关分析结果

性别	N	血乳酸（mmol/L）$X \pm SD$	速度（米/秒）$X \pm SD$	r
男	133	7.42 ± 3.55	9.47 ± 1.41	$0.69**$
女	208	6.82 ± 3.23	9.20 ± 0.86	$0.65**$

回归分析请见（图8-2）和（图8-3）。

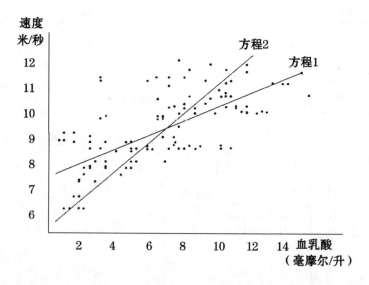

图8-2 男女优秀运动员耐力滑训练强度与血乳酸浓度

回归方程式分别为：

男：Y 速度 = 7.41 + 0.27（血乳酸浓度）　　　3

182

$$Y_{乳酸} = -9.28 + 1.76 （滑速）\qquad 4$$

女：$Y_{速度} = 8.02 + 0.17 （血乳酸浓度）\qquad 5$

$$Y_{乳酸} = -15.62 + 2.43 （滑速）\qquad 6$$

方程 3 和 4 的剩余标准误分别为 1.0 米/秒和 2.54mmol/L；方程 5 和 6 的剩余标准误分别为 0.65 米/秒和 2.45mmol/L。不同性别间的同类方程式具有非常明显的差异（$P < 0.01$）。

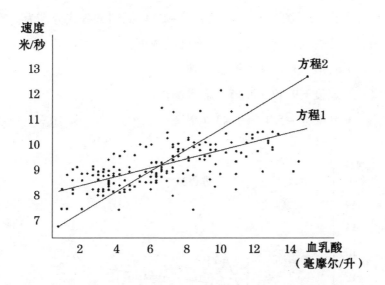

图 8-3　女子优秀运动员耐力滑训练的强度与血乳酸浓度

（三）冰上速度耐力滑强度与血乳酸浓度

（表 8-3）列出冰上速度耐力滑强度与血乳酸浓度相关分析结果。同冰上一般耐力滑的合并方法一样，将具有相关显著性而且是来自同一个总体的不同手段和内容的速度耐力滑训练进行合并分析。男女优秀速滑运动员不同内容的速度训练的强度与血乳酸浓度具有显著和非常显著的正相关关系（$P < 0.05$，$P < 0.01$）。

表 8 – 3 　 速度耐力性训练的强度与血乳酸浓度的相关分析

性别	N	血乳酸 （mmol/L）$X \pm SD$	速度 （米/秒）$X \pm SD$	r
男	103	11. 94 ± 3. 83	11. 69 ± 0. 97	0. 23 *
女	606	10. 32 ± 3. 48	10. 80 ± 1. 15	0. 47 * *

* P < 0. 05；* * P < 0. 01

拳击与速度滑冰训练监控

回归分析见（图 8 – 4）和（图 8 – 5）。回归方程式分别为：

男：Y 速度 = 10. 97 + 0. 05 （血乳酸浓度）　　　　7

　　Y 乳酸 = 1. 11 + 0. 92 （滑速）　　　　　　　　8

女：Y 速度 = 9. 17 + 0. 15 （血乳酸浓度）　　　　　9

　　Y 乳酸 = － 5. 12 + 1. 43 （滑速）　　　　　　　10

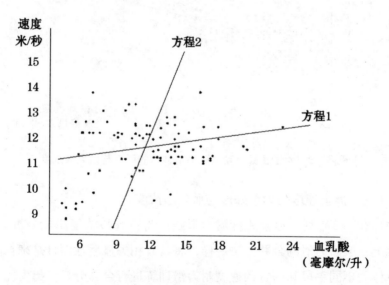

图 8 – 4 　 男子优秀速滑运动员速度耐力训练强度与血乳酸浓度

方程 7 和 8 的剩余标准误分别为 0. 94 米/秒和 3. 74mmol/L；方程 9 和 10 的剩余标准误分别为 1. 01 米/秒和 3. 06mmol/L。不同性别间的同类方程式具有非常明显的差异（P < 0. 01）。

184

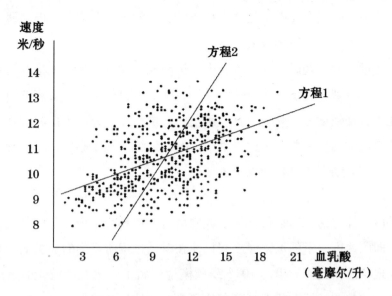

图 8-5 女子优秀速滑运动员速度耐力训练强度与血乳酸浓度

四、讨 论

对优秀运动员来说，运动强度是构成运动负荷的核心因素，是提高竞技能力、取得运动成绩的关键。从某种意义上讲，运动负荷的强度会直接决定运动员生理、心理内部负荷的大小。本研究在正常运动训练过程中通过采集完成不同训练手段的数据，利用速度指标表示运动强度的方法，探究血乳酸浓度与强度之间的关系，基本考虑是：

（1）以完成手段的平均速度表示强度，包含了与负荷量有关的组数、间歇、持续时间等因素。按照训练强度与量之间的关系，负荷强度与负荷量共同存在于运动过程之中，强度在单位时间里直接反映着训练时机体的用力程度，对机体的适应性影响起着比负荷量更为重要的作用。

（2）以平均速度表示强度，可以在不同负荷量与强度组合的训练手段之间建立起统计学的基本条件——可比性。

（3）以速度表示强度，可以使分析结果更直观。尽管以速度代表强度这种方法还存在着不足，有待于进一步的研究和完善，但本研究所得到的相关分析结果却令人兴奋。

在过去的一些研究中，曾有人对运动成绩和血乳酸浓度进行过相关分析，并得到程度不同的相关结果。由于研究目的不同，更多的血乳酸浓度与运动强度的研究集中在实验室内，虽然在各方面为血乳酸指标在运动实践中的应用奠定了理论基础，但在训练实践中难以从这些理论中找出控制运动训练过程的直接方法。

（图 8 – 1 ~ 5）表明，冰上训练的两大类训练手段和场地自行车训练手段对优秀速滑运动员机体形成的负荷，都具有一个简单而普遍的规律，即以速度表示的运动强度同机体在运动过程所产生的血乳酸具有确定性现象。由此而导出的 10 个线性模型，属于确定性模型。通过这些模型，从先前的运动状态可确切地预测以后的运动状态。这不但为速滑运动训练中冰上训练和场地自行车训练过程提供最基本的控制规律，同时也为全面有效地控制速滑训练过程提供一个广阔的前景。

从理论上讲，运动训练过程是指在一定时间跨度里，按一定次序进行的训练活动。时间跨度的大小决定了运动训练过程的长短，但无论运动训练时间的跨度大或小，都是按照其特有的次序组织安排训练活动的。长至十几年的多年训练，短至一次训练课，均是训练过程，都是按照对运动员现实状态的诊断、制定训练计划、确定各项具体指标和训练目标、实施训练计划、检查评定等这样几个基本环节的次序进行的。这5 个基本环节相互交织在一起，很难分开。这五个基本环节所构成的训练控制过程，包含有正负反馈回路。按照控制论的理论，在一定程度上可以把这个控制系统归结为闭环控制系统。因此，这个系统具有稳定性、静态误差等控制系统的基本特征。

在回归分析过程中发现，本研究所建立的两类 10 个回归方程，剩余标准误都较大。究其原因，本研究认为，各模型具有较大剩余标准误的现象，正好反映出血乳酸动力学的个体差异特征。与其说较大的剩余标准误差影响模型的精度，倒不如说由于模型中包含了血乳酸动力学的个体差异因素，使其适用范围更加广泛。

在相应训练手段中，应用上述模型实施训练过程控制，要按照运动训练过程基本环节次序，首先明确运动员现实状态的诊断。为了能够更客观地选择训练强度，除进行现实状态的常规检查外，十分有必要对运动员的乳酸阈或个体无氧阈进行阶段性评定，了解和掌握运动员血乳酸动力学的个体特点，以便在模型所给出的预测值范围选择符合运动员自身特点的训练内容、具体指标和训练目标。通过来自运动过程的各种信息，对运动员所完成的训练进行检查和评定。

冰上一般性耐力滑和速度耐力滑相同性别的两类模型，经差异性检验证明，它们分别属于不同的总体（$P < 0.01$，$P < 0.05$）。这表明，各模型对不同性质的冰上训练具有特异性，因此，在应用时应给予充分的注意。

五、小　结

● 本研究通过对我国优秀速滑运动员所完成的 2 个较完整训练周期不同训练手段的监测，建立起女子优秀速滑运动员场地自行车训练和男女优秀速滑运动员冰上一般性耐力和速度耐力训练的 10 个可以用来控制训练过程的线性数学模型。由于各模型中包含血乳酸动力学的个体差异因素，所以各模型的剩余标准误差较大。应根据运动员现实状态的诊断结果和自身血乳酸动力学的特点，合理地选择训练内容和具体指标。

● 本研究不但为速滑运动训练冰上和场地自行车训练过程揭示出最基本的控制规律，同时也为全面有效地控制速滑训练过程，掌握相应的规律提供广阔的前景。

主要参考文献

1. 全国体院教材委员会：运动训练学，人民体育出版社，1990

2. 董国珍：运动训练与选材，辽宁大学出版社，1992

3. 李诚志等：教练员训练指南，人民体育出版社，1992

后　记

　　本书是笔者对多年拳击与速度滑冰运动训练科技服务工作的回顾与概括。在北京体育大学领导的支持和鼓励下，这次终于有机会将这些科研成果结册出版。笔者力图在突破困扰多年的科技服务工作学术总结的瓶颈方面进行有序化的尝试，本书涉及到的两个运动项目科技服务工作的内容和时间跨度较大，基本反映了随队科技服务工作的客观现实性和多样性等特点，在一定程度上体现了科技服务工作在运动项目的认知方面所能起到的作用。尽管本书所涉及的内容在认知方面还很肤浅，笔者希望能为正在进行中的备战奥运会科技服务工作深入有效地进行起到抛砖引玉的作用。

　　一项成功的体育科学研究，应该来自运动训练实践。当这项研究成果返回运动训练实践时，应该对运动训练实践具有指导和促进作用。

　　本书第三章心电图与左心室形态功能特点，主要来自丁华同志的研究成果。参加本书学术工作的还有臧广悦、史冀鹏、杨彩霞、王悦和郑锡明等同志，郑凯、齐维义和邬永利同志也为本书做出过贡献，在此一并表示感谢。

2007 年 1 月于北京